Gesunde Familienküche

INHALT

Theorie

Rezepte 30

THEORIE

Gesund essen – gesund bleiben

Die artgerechte Ernährung vermindert stille Entzündungen im Körper. Bei einer Reihe von entzündlichen Erkrankungen können diese außer Kontrolle geraten. Abhilfe schafft eine Ernährung mit passgenauer Eiweißmenge, gesunden Fetten, reichlich Gemüse und zuckerarmem Obst und vielen Ballaststoffen. Viele Menschen berichten, dass sie sich mit artgerechtem Essen wohler und leistungsfähiger fühlen. Selbst wer sich kerngesund fühlt, kann von dieser Ernährung profitieren.

ERNÄHRUNGS-BASICS – WARUM GESUND ESSEN WICHTIG IST

Ernährung ist gar nicht so kompliziert: Es gibt drei Makronährstoffe – Eiweiß, Kohlenhydrate und Fette –, die uns alle auch Energie bereitstellen. Daneben benötigen wir als Helfer Vitamine und Mineralstoffe.

ARTGERECHTE ERNÄHRUNG: SCHLÜSSEL ZUR GESUNDHEIT

Wir alle sind Teil eines großen Ökosystems – und das spiegelt sich auch in unserer Ernährung wider. Bei den Tsimane-Indianern mit ihrer ursprünglichen Ernährung gibt es zum Beispiel kaum Arterienverkalkung. Die interessante Frage ist: Was machen sie anders als wir? Als Jäger und Sammler in Wäldern essen sie vor allem Pflanzen, Wurzeln, Nüsse, Pilze und Obst – ergänzt durch Insekten, Kleingetier oder mal einen Nasenbär. Archäologen haben schon vor einiger Zeit Hinweise darauf gefunden, dass sich auch unsere Vorfahren überwiegend von pflanzlichen Lebensmitteln ernährt haben.

Wir finden immer mehr Beweise dafür, dass Krankheiten entstehen, wenn wir von dieser ursprünglichen und artgerechten Ernährung abweichen – Beispiele sind Herzinfarkt, Fettleber, Bluthochdruck, Diabetes, Übergewicht oder Darmentzündungen wie Colitis ulcerosa. Wer versteht, was sein Körper wirklich braucht, dem fällt gesunde Ernährung leicht und der kann sie eher umsetzen – nicht nur weil er sich wohler fühlt und fitter ist.

Hierarchie der Makronährstoffe

Welcher Hauptnährstoff in der artgerechten Ernährung am wichtigsten ist, leitet sich von der Strategie des Körpers zum Überleben ab: An erster Stelle steht das Eiweiß zur Erhaltung der Muskulatur, die für Flucht und Kampf absolut notwendig ist – deshalb sollte das Hauptaugenmerk auf der korrekten Proteinzufuhr liegen.

Dann folgen Kohlenhydrate als Treibstoff für die Muskeln und schließlich Fette. Alle drei verwendet unser Körper auch als Brenn- oder Baustoff für Zellen und Botenstoffe – zusammen mit den Vitaminen, Mineralstoffen und Spurenelementen. Satt und zufrieden sind wir erst, wenn genug Eiweiß im Magen angekommen oder durch die Magendehnung das Signal zur Sättigung erfolgt ist.

Pflanzen als Medikamente

Die Beweise für diese artgerechte Ernährung mit der richtigen Menge Eiweiß, viel Gemüse, Nüssen und Co. sind überwältigend: Die Diogenes-Studie konnte nachweisen, dass unter einer optimalen Eiweißdosierung mit viel Gemüse und Nüssen das Gewicht am besten gehalten werden konnte. Pflanzennahrung enthält alles, was wir brauchen: ausreichend Kohlenhydrate zum Verbrennen, gesunde Fette aus Nüssen, Vitamine und Spurenelemente in Massen und – das ist der zuletzt bekannt gewordene Puzzlestein – die Ballaststoffe.

WUNDER BALLASTSTOFFE

Ballaststoffe regulieren nicht nur die Darmtätigkeit und verhindern damit Verstopfung und deren Folgen wie Hämorrhoiden oder Divertikel – das sind gefährliche Darmausstülpungen, die sich wie ein Blinddarm entzünden können. Die Faserstoffe dienen auch einer gesunden Darmflora als Nahrung. Mit den guten Darmbakterien leben wir in einer Symbiose,

wie in einem gesunden Ökosystem. Was die Bakterien uns alles Gutes tun, wird derzeit intensiv erforscht. Dafür, dass sie helfen, uns Darmentzündungen, Krebs, Colitis, Diabetes und Übergewicht vom Leib zu halten, gibt es allerdings schon erste Beweise.

Was die positiven Darmbakterien übrigens gar nicht mögen, sind Unmengen von Fleisch – denn dadurch vermehren sich ihre Feinde, die Fäulniserreger, massenhaft. Und Sie sollten auch in anderer Hinsicht auf die lieben Mitbewohner »hören«: Mehr als 80 g rotes Fleisch am Tag – zum Beispiel von Lamm, Rind, Schwein und Ziege – stehen im Verdacht, das Krebsrisiko zu erhöhen. Auch das ist ein deutlicher Hinweis auf unsere artgerechte Ernährung.

Nüsse liefern wertvolle Fettsäuren und Eiweiß – allen voran Walnüsse, Mandeln und Pistazien.

Am besten Vollwert

Reis, Kartoffeln, Nudeln oder Brot sind gesund, man sollte jedoch immer die Vollkorn-Variante wählen und nach dem persönlichen Energiebedarf in Abhängigkeit vom eigenen Bewegungspensum dosieren. Wer sich viel bewegt, darf bei den Sättigungsbeilagen gern zugreifen. Alle anderen bremsen sich bitte, sonst wird der Körper mit Kohlenhydraten überschwemmt. Die Folge: Fettleber, Übergewicht, erhöhter Blutdruck, Diabetes und Co. Richtig satt machen ohnehin vielmehr Eiweiß und ballaststoffreiche Gemüse oder Nüsse.

Zucker? Süß verspricht schon seit Urzeiten lebenswichtige Energie und »nicht giftig«. Das ist genetisch verankert. Deshalb ist für uns alles Süße eine große Versuchung. Kein Wunder, dass viele Menschen damit nicht umgehen können und durch den Zuckerkonsum krank werden. Schon 105 g Zucker am Tag verdoppeln das Infarktrisiko. Wobei der durchschnittliche Verzehr in Deutschland bei 100 g pro Tag liegt.

Pflanzennahrung enthält alles, was wir brauchen: Kohlenhydrate, gesunde Fette, Vitamine, Spurenelemente und Ballaststoffe.

VOM FRÜHSTÜCK BIS ZUM ABENDESSEN – WIE OFT UND WAS ESSEN?

Nicht nur die Zusammensetzung der artgerechten Ernährung ist wichtig. Auch auf Häufigkeit und Komposition der Mahlzeiten über den Tag verteilt kommt es an und darauf, dass Naschen zwischendurch reduziert wird.

WENIGER (HÄUFIG) IST MEHR

Die Häufigkeit und die Verteilung der Mahlzeiten über den Tag haben nachweislich Effekte auf unsere Gesundheit. Die größte Ernährungssünde: ständig über den Tag verteilt snacken – und am schlimmsten: mit »schnellen« Kohlenhydraten.

Im Vergleich dazu fahren jene Menschen besser, die nur zwei bis maximal drei Mahlzeiten am Tag essen. Damit geben sie dem Körper ausreichend Gelegenheit, dass der Blutzuckerspiegel und mit ihm alle Faktoren, die das Altern beschleunigen (Insulin und Entzündungsfaktoren), vollständig absinken. Erst wenn Blutzuckerspiegel und Insulin in den Keller gehen, ist ein Fettabbau möglich. Denn Insulin hemmt die Auflösung von Fettdepots und lagert überflüssigen Zucker als Fett in den Zellen ein.

Arbeiten Sie am besten mit einem Ernährungsprotokoll – Sie werden möglicherweise staunen, was Sie über einen Tag verteilt alles essen und trinken. So können Sie sich selbst nach und nach einen gesunden Essrhythmus beibringen. Wenn Sie meinen, Sie halten »nur« zwei oder drei Mahlzeiten niemals durch, dann sind diese wahrscheinlich falsch zusammengestellt und enthalten zu wenige sättigende, gesunde Bestandteile wie Eiweiß oder Ballaststoffe.

Empfehlenswert: Intervallfasten

Sogar ab und zu Hungern ist gesund. Dazu reicht es, die Abstände zwischen den Mahlzeiten ausreichend lang zu gestalten – idealerweise in Verbindung mit einer längeren Nachtpause, dem Nachtfasten, von mindestens 13, besser 16 Stunden. Nach wenigen Jahren sinkt so das Risiko für Zivilisationskrankheiten wie Diabetes, Fettleber und sogar Krebs. Maßvolles Fasten reduziert auch stille Entzündungen im Körper und bekämpft Demenz und Alzheimer.

Mit Nachtfasten konnten in einer Studie bei Frauen mit Brustkrebs Rückfälle reduziert werden. Wenn sie nachts mindestens 13 Stunden nichts gegessen hatten, nahm das Rückfallrisiko um 36 Prozent ab. Der Grund: Krebszellen benötigen für ihr unkontrolliertes Wachstum viel Zucker, der ihnen durch Nachtfasten entzogen wird. Außerdem stärkt maßvolles Fasten das Immunsystem im Kampf gegen Krebs. Gesunde Zellen können, wenn der Zuckervorrat im Körper zur Neige geht, auch alternative

Energieträger (z. B. Ketonkörper) verbrennen. Diese stellt der Körper in Hungerphasen automatisch zur Verfügung, die Krebszellen gehen jedoch leer aus.

Dieser Mechanismus wird auch bei Nervenerkrankungen wirksam: Man weiß inzwischen, dass das Gehirn bei Übergewichtigen um zehn Jahre schneller altert als bei Schlanken. Gerade im mittleren Lebensalter ist dieser Effekt besonders ausgeprägt. Wer im Alter zwischen 30 und 40 Jahren Übergewicht hat, büßt mehr Gehirnleistung ein als Personen, die erst später im Leben übergewichtig werden.

FRÜHSTÜCK IST TRUMPF

Wie sollten die einzelnen Mahlzeiten zusammengesetzt sein? Achten Sie schon beim Frühstück auf ausreichend Eiweiß – Quark, Joghurt, Milch, Eier, Nüsse, Hafer oder Vollkornbrot mit Käse sind perfekte Sattmacher am Morgen. Kommt der kleine Hunger zwischendurch doch, dann haben Sie vielleicht zu wenig getrunken.

Einen besonderen Nutzen haben Diabetiker: Neue Studien zeigen, dass der Blutzucker über den Tag stabiler bleibt, wenn gut gefrühstückt wird. Auf der Basis eines sättigenden Frühstücks lässt sich das 2-Mahlzeiten-Prinzip auch leichter einhalten.

Hören Sie auf Ihren Körper

Notorischer Frühstücksmuffel? Kein Problem! Sie erkennen das daran, dass Sie Frühstücken quält und Sie den ganzen Vormittag ohne etwas zu essen bis zum Mittag fit sind. Ein Vorteil: Sie verlängern damit das Nachtfasten

um weitere fünf Stunden. Das Gleiche gilt für Frühstücksliebhaber: Wenn diese spätabends üppig dinieren, ist die Lust auf ein Frühstück meist gering. Hören Sie auf Ihren Körper, er hat meist recht. Sie sehen also: Nichts muss, lassen Sie Ihrem Körper sein Recht. Die richtige Ernährung ist individuell und besteht aus vielen Elementen.

GROSSES MITTAGESSEN

Für ein gutes und reichhaltiges Mittagessen spricht eine Reihe von Studien, in denen mit einem üppigen Mittagessen das Körpergewicht besser gehalten werden konnte als mit einem großen Abendessen. Denn nach dem Mittagessen verbrennen wir nachmittags in der Regel noch Energie, nachts nach dem Abendessen aber meist nicht mehr oder weniger.

Dessert im Anschluss

Mein Praxistipp für Naschkatzen und Vielobstesser: Reduzieren Sie die Menge und versuchen Sie Ihre Köstlichkeiten direkt im Anschluss an die Hauptmahlzeit zu naschen, nicht zwischendurch – sonst würde der Blutzucker nur wenige Stunden nach der Hauptmahlzeit gleich wieder nach oben schnellen und schafft es nicht, vollständig abzusinken.

KLEINERES ABENDESSEN

Das Abendessen planen Sie am besten nicht zu üppig und nicht zu spät – Ihr Gewicht wird es Ihnen danken. Bedenken Sie, dass die Verdauung in der Regel fünf Stunden braucht; wenn das Essen fettreich war, sogar noch länger. Mit vollem Magen schläft man auch schlechter und fördert durch den Druck im Bauchraum zusätzlich den Rückfluss in die Speiseröhre. Die Folge: Neigung zu Sodbrennen, im chronischen Fall dauerhafte Entzündung der Speiseröhre. Außerdem belasten Sie Ihren Schlaf, weil der Darm noch auf Hochtouren arbeitet, wenn Sie eigentlich auf Ruhemodus schalten wollen.

Eiweiß für eine gute Nachtruhe
Übrigens: Der Eiweißbaustein Tryptophan in Fisch, Fleisch, Gemüse und Getreide wird vom Körper in das Gute-Laune- und Beruhigungshormon Serotonin umgebaut. Wer solche Lebensmittel abends isst, wird mit einem sanften Einschlafen belohnt.

Der Eiweißbaustein Tryptophan wird vom Körper in das Gute-Laune-Hormon Serotonin umgebaut.

ERNÄHRUNGSMYTHEN FAKTENCHECK

Nie wussten wir so viel über Lebensmittel und verschiedene Ernährungstrends. Trotzdem sind viele unsicher und verwirrt: Was ist tatsächlich gesund? Was kann Krankheiten auslösen oder verstärken? Fakten oder Mythen...

OHNE KALORIENZÄHLEN KEIN ABNEHMEN

Viel wichtiger ist die Sättigung. Nur wer wirklich satt ist, vermeidet unnötige Zwischenmahlzeiten. Vor allem Gemüse und Eiweiß machen satt und bewahren vor dem fatalen Naschen. Greifen Sie lieber zu Nüssen, sie enthalten zwar viele Kalorien, aber auch gesundes Fett. Nussesser sind im Durchschnitt jedoch schlanker, weil Nüsse schnell satt machen und vor Heißhunger auf ungesunde Snacks schützen.

FRUCHTSÄFTE SIND GESUND

Das ist falsch, vor allem wenn man viel davon trinkt. Denn im Gegensatz zu frischem Obst fehlen dem Saft die sättigenden Fruchtfasern. Die Folge: In kurzer Zeit nimmt man mehr Kalorien auf als beim reinen Obstessen. Beispiel: 1 Glas Fruchtsaft kommt auf ebenso viel Zucker wie 600 g Erdbeeren. Außerdem enthält Fruchtsaft oft viel Fruchtzucker (Fruktose), der die Blutfette erhöht, zu Fettleber und damit Diabetes führt.

EIN GLÄSCHEN WEIN AM TAG FÖRDERT DIE GESUNDHEIT

Leider nicht. Jedes Gramm Alkohol fördert das Risiko für Krebs genauso wie das für Herzrhythmusstörungen. Wein kann immerhin das gute HDL-Cholesterin etwas erhöhen. Und das Risiko für Bluthochdruck und Herzschwäche wird mit Alkohol – jedoch nur in sehr geringen Mengen – verringert. Dieser minimale Vorteil verliert sich allerdings mit steigendem Alkoholkonsum wieder.

SUPERFOOD IST GESÜNDER ALS HEIMISCHES ESSEN

Das stimmt so nicht. Auch heimische Nahrungsmittel wie Kohl, Leinsamen und Nüsse sind im Prinzip ein Superfood. Sie stehen hinsichtlich ihres Gesundheitsnutzens tropischen Importen wie Chia-Samen, Goji-Beeren und Co. in nichts nach. Besonders bedenklich: Sofern das importierte Superfood nicht Bio-Qualität aufweist, lässt sich leider häufig eine hohe Pestizidbelastung feststellen.

TIEFKÜHLKOST IST UNGESUND

Das trifft nur auf tiefgekühlte Fertiggerichte zu – problematisch sind dabei aber vor allem die Zusätze, wie Zucker, Salz, Geschmacksverstärker und Emulgatoren. Pures Tiefkühlgemüse ist gerade im Winter eine wertvolle Alternative zu Frischware aus Übersee sowie zu Fertiggerichten. Es wird erntefrisch eingefroren, Verluste bei Vitaminen und Spurenelementen sind nahezu ausgeschlossen. Teilweise enthält Tiefkühlgemüse sogar mehr Nährstoffe als Lebensmittel, die weit transportiert oder lange gelagert wurden.

VITAMIN-C-TABLETTEN VERKÜRZEN INFEKTE

Das konnte in Studien nicht nachgewiesen werden. Vitamin C in Nahrungsmitteln kann durchaus einen positiven Effekt auf bestimmte Krankheiten haben. Wenn das Vitamin jedoch isoliert als Tablette eingenommen wird, bleibt der positive Effekt aus. Dieser Zusammenhang wurde übrigens beim grauen Star bewiesen: Er tritt bei vitaminreicher Ernährung erst später auf, wobei Vitaminpillen diesen Effekt nicht zeigten.

FETTREICHES ESSEN MACHT DICK

Das gilt so allgemein nicht. Der Fettgehalt der Nahrung spielt erst bei hoher Zufuhr und bei gleichzeitigem (!) Übergewicht eine Rolle. Wer sich an die Regeln hält, gute Fette hoch zu dosieren und bei schlechten Fetten zu sparen, dürfte mit einem höheren Fettgehalt in der Nahrung keine Probleme bekommen. In der Women's Health Study konnte nachgewiesen werden, dass Frauen, die vollfette Milch tranken, in puncto Gewicht besser abschnitten als solche, die fettreduzierte Milch tranken.

BIO IST NICHT GESÜNDER

Das stimmt nicht. Das Fleisch von ökologisch gehaltenen Tieren enthält mehr Omega-3-Fettsäuren. Bio-Eier haben einen höheren Vitamingehalt. Das Fettsäuremuster von Bio-Milch ist besser. Außerdem sind in Bio-Food weniger Pestizidrückstände nachweisbar. Allerdings sind die Unterschiede oft nur minimal oder wirken sich kaum auf die Gesundheit aus. Kleiner Wermutstropfen: Bio-Produkte können häufiger mit Kolibakterien belastet sein und somit eine mögliche Infektionsquelle darstellen – daher immer gut waschen!

WENIGER SALZEN IST GESUND

Das stimmt nur für Menschen mit Übergewicht, Bluthochdruck und Diabetes. Bei bis zu einem Drittel der Menschen kann weniger Salz im Essen den Blutdruck senken. Meist sind es die, die deutlich mehr als die empfohlenen 6 g am Tag zu sich nehmen.

WAS UNSER KÖRPER BRAUCHT – DAS HÄLT IHN GESUND

Hier finden Sie auf einen Blick, wie sich Ihre zwei oder drei Mahlzeiten gemäß artgerechter Ernährung idealerweise zusammensetzen. Das Frühstück zählt dabei ebenfalls als vollständige Mahlzeit.

SO VIEL DARF'S SEIN

Grundsätzlich gilt: Die optimale Mischung aus Eiweiß, Kohlenhydraten und Fett ist ein Garant für den gesunden Erhalt des Körpers.

- **Die richtige Menge Eiweiß:** Mindestens 0,8 g/kg Körpergewicht – optimal sind 1–1,2 g/kg. Um den Körper mit allen notwendigen Aminosäuren zu versorgen, ist eine abwechslungsreiche Ernährung mit unterschiedlichen Eiweißlieferanten sinnvoll. Getreide, Milchprodukte, Fleisch, Fisch, Eier, Nüsse oder Pilze decken den Eiweißbedarf – geben Sie pflanzlichen Quellen den Vorzug!
- **Gesunde Fette:** Setzen Sie auf reichlich gesunde Fette, wie sie zum Beispiel in Hanföl, Leinöl, Nussölen, Olivenöl oder auch Rapsöl vorkommen. Mengenmäßig gibt es bei gesunden Fetten keine Grenze nach oben – je gesünder die Fette, desto mehr dürfen Sie davon nehmen.
- **Langsame Kohlenhydrate:** »Slow« und »Ballast« sind hier die richtigen Stichwörter: Kohlenhydrate aus Gemüse sind unbedenklich und können kaum überdosiert werden.

Sie dürfen hier herzhaft zulangen und am besten davon so viel essen, bis Sie satt sind – 400–600 g sollten es pro Tag sein!
- **Vitamine:** Prinzip »bunter Teller« – wer viel Gemüse und auch mal Obst unterschiedlichster Sorten zu sich nimmt, braucht sich keine Sorgen um Vitaminmangel zu machen. Die für tierische Nahrungsmittel typischen B-Vitamine bekommen Sie schon durch geringe Mengen an Eiern oder Milchprodukten, aber teilweise auch aus Getreide und Hülsenfrüchten. Das ist beruhigend für Vegetarier. Ausnahme Vitamin D: Ohne gelegentliche leichte UV-Strahlung kommen Sie nicht aus.
- **Mineralstoffe, Spurenelemente und sekundäre Pflanzenstoffe:** Nüsse, Samen und dunkelgrünes Gemüse liefern genug von den Mikronährstoffen.

Die Abbildung rechts übersetzt diese Empfehlungen in praktische Prozentzahlen, die für alle zwei oder drei Mahlzeiten gültig sind.

CLEVER KOMBINIERT AUF DEM TELLER

20 %

NUDELN, KARTOFFELN, REIS,
BROT SOWIE HOCHWERTIGE
ÖLE UND FETTE

30 %

FLEISCH, FISCH, EIER,
MILCH, MILCHPRODUKTE
UND HÜLSENFRÜCHTE

50 %

GEMÜSE, SALAT, PILZE,
ZUCKERARMES OBST

NAHRUNGSMITTELALLERGIEN UND -UNVERTRÄGLICHKEITEN

Wer bestimmte Lebensmittel nicht gut verträgt oder sogar allergisch darauf reagiert, fühlt sich oft in der Wahlfreiheit eingeschränkt. Die gute Nachricht: Viele Unverträglichkeiten lassen sich mit der Zeit beheben!

GENAUE DIAGNOSE

Lange wurden unter der Diagnose »Reizdarm« alle möglichen Beschwerden versammelt: Verstopfung, Durchfall, Völlegefühl, Blähungen. Das übliche Verfahren bei länger anhaltenden Darmbeschwerden wird auch heute noch praktiziert: Mit Endoskopie schließt man Entzündungen oder Krebs aus. Dann erhält der Patient das Etikett »Reizdarmerkrankung« mit dem Hinweis, damit »müsse man leben«. Eine weitergehende Diagnose und ernährungstherapeutische Beratung erhält nur ein Bruchteil der Betroffenen. Dabei ist die Diagnose von Nahrungsmittelintoleranzen gerade bei Frucht- und Milchzucker einfach mit einem Wasserstoffatemtest zu stellen. Und durch Weglassen bestimmter Lebensmittel können die Beschwerden geheilt werden.

Fruchtzuckerunverträglichkeit

Durch den immer stärkeren Einsatz von Fruchtzucker in Fertigprodukten wird die Fruktoseintoleranz häufiger. Bei der angeborenen Form verträgt man Fruchtzucker überhaupt nicht. Entwickelt sich die Fruktoseintoleranz erst im Laufe des Lebens, können kleine Mengen Fruktose ohne Beschwerden vertragen werden. Ein Drittel unserer Bevölkerung bekommt ab 25 g Fruchtzucker Beschwerden.

Milchzuckerunverträglichkeit

Die Laktoseintoleranz ist auf einen Mangel an dem Milchzucker spaltenden Enzym, der Laktase, zurückzuführen. Er kann sich auch im Alter oder nach Magen-Darm-Infekten einstellen. Dabei kommt es ebenfalls zu Völlegefühl, Blähungen oder Durchfällen, weil der Milchzucker im Darm nicht abgebaut wird und abführend wirkt. Meidet man Milchzucker, verbessert sich die Verträglichkeit wieder, sodass man kleinere Mengen problemlos essen kann. Leider ist in vielen Fertigprodukten Milchzucker enthalten.

> **Tipps bei Fruktoseintoleranz**
>
> - Fertigprodukte meiden und Zutatenliste beachten: Honig, Sirup oder Isoglukose weisen auf Fruktose hin.
> - Glukose verbessert die Aufnahme von Fruchtzucker und mindert Beschwerden.
> - Stark ballaststoffhaltige Lebensmittel können Beschwerden verschlechtern.

Histaminunverträglichkeit

Hautrötungen, Herzklopfen, Ekzeme, Nesselsucht, Kopfschmerzen, Atembeschwerden oder Durchfall können auf eine Histaminunverträglichkeit hinweisen. Grund dafür ist ein gestörter Abbau dieses Botenstoffs, der für die Regulation von Entzündungen wichtig ist. Das betrifft sowohl das körpereigene Histamin als auch das durch die Nahrung zugeführte.

Zöliakie und Glutenunverträglichkeit

Im Gegensatz zu Glutenunverträglichkeit ist Zöliakie eine schwere Erkrankung. Aufgrund genetischer Veranlagung reagiert die Darmschleimhaut auf das Klebereiweiß von Weizen, Roggen und Gerste, das Gluten, mit Entzündung – Durchfall, Bauchschmerzen, Gewichtsverlust und Müdigkeit folgen. Die Nährstoffaufnahme im Darm sinkt, es kann zu Blutarmut oder Osteoporose kommen. Die Diagnose erfolgt über Antikörpernachweis und Endoskopie. Die einzige Möglichkeit, Zöliakie zu behandeln, besteht in einer streng glutenfreien Diät.

Glutenunverträglichkeit ist nicht genetisch verursacht, kleine Mengen Gluten werden vertragen. Eine glutenfreie Ernährung scheint auch ohne Zöliakie bei manchen unspezifischen Magen-Darm-Beschwerden hilfreich zu sein.

NAHRUNGSMITTELALLERGIEN

Echte Allergien sind Fehlreaktionen des Körpers auf eigentlich ungefährliche Eiweißstoffe. Bei der Nahrungsmittelallergie reichen die Symptome von akuter Lebensgefahr durch einen allergischen Schock bis hin zu leichten Beschwerden wie Übelkeit, Durchfall oder Jucken. Besonders Menschen mit Neurodermitis oder allergischem Asthma neigen auch zur Nahrungsmittelallergie. Eltern, die unter Allergien leiden, können die Allergieentstehung beim Nachwuchs durch frühes Füttern mit der ganzen Bandbreite der elterlichen Ernährung von Fisch, Gemüse und Nüssen vermindern. Auch der Kontakt mit verschiedensten Bakterien stärkt das Immunsystem.

SELBSTCHECK – WO STEHE ICH, WELCHE RISIKEN HABE ICH?

Anhand einiger Fragen lassen sich Aussagen über Ihr Risiko treffen, an Herz-Kreislauf-Erkrankungen oder Diabetes Typ 2 zu erkranken.

DER HERZRISIKO-TEST

Mit diesen Fragen können Sie herausfinden, ob Sie ein erhöhtes Risiko für Herz-Kreislauf-Erkrankungen haben. Notieren Sie sich die Punktezahl, die Auswertung folgt auf der nächsten Doppelseite.

1. Was sagen Ihre Erbanlagen?
Gibt es direkte Verwandte mit Herzinfarkt, Schlaganfall oder Aderverschluss an den Beinen vor dem 60. Lebensjahr?

Ja ☐ 6 Punkte   Nein ☐ 0 Punkte

2. Wie hoch ist Ihr Blutdruck?
Über 140/90 mm Hg   ☐ 3 Punkte
Unter 140/90 mm Hg   ☐ 0 Punkte

3. Wie hoch ist Ihr Cholesterinspiegel?
Unter 200 mg/dl   ☐ 0 Punkte
Über 200 mg/dl   ☐ 3 Punkte

4. Rauchen Sie?
Ja ☐ 6 Punkte   Nein ☐ 0 Punkte

5. Haben Sie Diabetes?
Ja ☐ 6 Punkte   Nein ☐ 0 Punkte

6. Wie viele Stunden treiben Sie Sport?
Kein Sport   ☐ 8 Punkte
1–3 Std. pro Woche   ☐ 2 Punkte
Mehr als 4 Std. pro Woche   ☐ 0 Punkte

7. Wie häufig stehen Sie unter Zeitdruck oder fühlen sich gestresst?
Immer ☐ 4 Punkte   Gelegentlich ☐ 2 Punkte
                            Selten ☐ 0 Punkte

8. Wie groß ist Ihr Bauchumfang?
Morgens nüchtern, mit freiem Oberkörper stehend ausatmen, in der Mitte zwischen Rippenunterkante und Hüftoberkante messen.

Unter 80 cm (F)/94 cm (M)   ☐ 0 Punkte
Unter 88 cm (F)/102 cm (M)   ☐ 2 Punkte
Über 88 cm (F)/102 cm (M)   ☐ 4 Punkte
Über 100 cm (F)/110 cm (M)   ☐ 8 Punkte

9. Schnarchen Sie nachts laut und haben Sie dabei Atemaussetzer?
Ja ☐ 3 Punkte   Nein ☐ 0 Punkte

10. Wie alt sind Sie?
Unter 55 Jahre   ☐ 0 Punkte
Über 55 Jahre   ☐ 2 Punkte
Über 75 Jahre   ☐ 3 Punkte

DER DIABETESRISIKO-TEST

Diabetes Typ 2 ist weltweit auf dem Vormarsch. Bis zu 15 Prozent der Deutschen sind davon betroffen. Diabetes Typ 1 wird mit einer geringen Wahrscheinlichkeit von 3–5 Prozent vererbt. Sind beide Elternteile betroffen, steigt die Rate auf 10–25 Prozent.

1. Wie hoch ist Ihr Blutdruck?

Über 140/90 mm Hg	☐ 3 Punkte
Unter 140/90 mm Hg	☐ 0 Punkte

2. Wie hoch ist Ihr Cholesterinspiegel?

Unter 200 mg/dl	☐ 0 Punkte
Über 200 mg/dl	☐ 3 Punkte

3. Leidet ein direkter Blutsverwandter an Diabetes Typ 2 (auch Altersdiabetes)?

Ja ☐ 6 Punkte   Nein ☐ 0 Punkte

4. Wie viele Stunden treiben Sie Sport?

Kein Sport	☐ 6 Punkte
1–3 Std. pro Woche	☐ 3 Punkte
Mehr als 4 Std. pro Woche	☐ 0 Punkte

5. Wie groß ist Ihr Bauchumfang (s. links)?

Unter 80 (F)/94 cm (M)	☐ 0 Punkte
Unter 88 (F)/102 cm (M)	☐ 3 Punkte
Über 88 (F)/102 cm (M)	☐ 6 Punkte
Über 100 (F)/110 cm (M)	☐ 8 Punkte

6. Essen Sie täglich Obst, Gemüse und Vollkornprodukte?

Immer	☐ 0 Punkte
Gelegentlich	☐ 1 Punkt
Selten	☐ 3 Punkte

7. Wie alt sind Sie?

Unter 55 Jahre	☐ 0 Punkte
Über 55 Jahre	☐ 3 Punkte
Über 75 Jahre	☐ 5 Punkte

DER RUNDUMCHECK

Betreiben Sie gesundheitsbezogene Ahnenforschung: Welche Gene habe ich und wie kann ich den Ausschalter drücken? Gibt es direkte Verwandte mit den folgenden Krankheiten?

1. Diabetes Typ 2 ☐ Ja ☐ Nein
2. Gelenkentzündungen/Rheuma ☐ Ja ☐ Nein
3. Frühzeitige Arthrose ☐ Ja ☐ Nein
4. Starkes Übergewicht ☐ Ja ☐ Nein
5. Darmkrebs ☐ Ja ☐ Nein
6. Bauchspeicheldrüsenkrebs ☐ Ja ☐ Nein
7. Brustkrebs ☐ Ja ☐ Nein
8. Gebärmutterhals-/ Eierstockkrebs ☐ Ja ☐ Nein
9. Gicht/erhöhte Harnsäurewerte (Hyperurikämie) ☐ Ja ☐ Nein
10. Knochenbrüchigkeit (Osteoporose) ☐ Ja ☐ Nein
11. Grauer Star (Katarakt) ☐ Ja ☐ Nein
12. Nierenschwäche/Blutwäsche (Dialyse) ☐ Ja ☐ Nein
13. Demenz ☐ Ja ☐ Nein
14. Neurodermitis ☐ Ja ☐ Nein
15. Prostatakrebs ☐ Ja ☐ Nein
16. Prostatavergrößerung ☐ Ja ☐ Nein
17. Bluthochdruck ☐ Ja ☐ Nein
18. Erhöhte Blutfettwerte ☐ Ja ☐ Nein
19. Parkinson (Schüttellähmung) ☐ Ja ☐ Nein
20. Schlafapnoe-Syndrom (gefährliches nächtliches Schnarchen mit minutenlangen Atempausen) ☐ Ja ☐ Nein

AUSWERTUNG SELBSTCHECK

Sie haben die Fragen auf der vorherigen Doppelseite beantwortet und für die ersten beiden Tests die Punkte addiert? Dann ordnen Sie sich in eine der Klassen ein und erfahren Sie mehr über Ihr Risiko.

AUSWERTUNG HERZRISIKO

Risikoklasse 1: 1–15 Punkte

Ihr Risiko für Herz-Kreislauf-Erkrankungen – also für einen Herzinfarkt oder Schlaganfall – ist gering. Auch wenn Sie Verwandte mit solchen Erkrankungen haben, können Sie Ihr Schicksal in die Hand nehmen und dafür sorgen, dass Risikofaktoren wie Übergewicht, Diabetes, erhöhte Blutfette oder Bluthochdruck gar nicht erst entstehen. Sie behalten dann dieses niedrige Risiko.

Risikoklasse 2: 16–33 Punkte

Bei Ihnen sammelt sich schon ein gewisses Risikopotenzial. Eliminieren Sie die Risikofaktoren Schritt für Schritt – nicht zu viel auf einmal, das erhöht nur die Gefahr des Scheiterns. Notieren Sie, was Sie nach und nach verändern wollen.

Risikoklasse 3: 34–50 Punkte

Ihr Risiko ist stark erhöht. Es ist aber nie zu spät für Maßnahmen. Schon nach kurzer Zeit reguliert sich das Risiko langsam. Haben Sie keine Angst, das erhöht nur den Stress. Vertrauen Sie auf Ihre Selbstheilungskräfte. Die werden Sie jetzt nämlich ankurbeln – mit optimierter Lebensweise und gesunder Ernährung. Viele tausend Patienten sind diesen Weg bereits gegangen.

Praxistipps für Risikoklassen 2 und 3

Das Wichtigste ist der Nikotinstopp. Rauchen ist für die meisten der Risikofaktor Nummer eins für eine rasante Arterienverkalkung. Hoffen Sie nicht auf bekannte Beispiele wie den deutschen Altkanzler Helmut Schmidt, der als Kettenraucher uralt geworden ist. Solche Menschen haben eine seltene besondere Enzymausstattung, die die Schäden durch das Rauchen abpuffern.

Sport bis zu fünfmal pro Woche hat einen schützenden Effekt für Ihre Adern – Gefäßtraining sozusagen. Bereits 15 Minuten Bewegung sind nachweislich wirksam.

Senken des Bluthochdrucks und der erhöhten Cholesterinwerte, Reduktion des Übergewichts, Diabetesvermeidung und die Behandlung des krankhaften Schnarchens, des Schlafapnoe-Syndroms, bei dem es zu gefährlichen minutenlangen Atempausen kommt – gehen Sie die Lösung der Probleme am besten der Reihe nach an. Übrigens: Gemeinsamer Nenner dieser Risikofaktoren ist das Übergewicht. Es ist noch nicht zu spät. Vielleicht sind vorübergehend Medikamente zur Regulierung

Ihrer Risikofaktoren nötig, die später wieder abgesetzt werden können. Fragen Sie Ihren Arzt.

AUSWERTUNG DIABETESRISIKO

Risikoklasse 1: 1–10 Punkte

Sie haben ein niedriges Risiko – je geringer Ihre Punktezahl, desto besser. Sollten Sie im unteren Punktebereich liegen, weil Sie Sport machen, sich gesund ernähren und schlank sind, dann gratuliere ich Ihnen. Sie werden mit hoher Wahrscheinlichkeit nie Diabetes Typ 2 bekommen.

Risikoklasse 2: 11–22 Punkte

Achtung, Sie befinden sich bereits im Graubereich. Lassen Sie Ihren Blutzucker, den Blutdruck und die Blutfettwerte jährlich beim Hausarzt kontrollieren. Am besten auch gleich den Langzeitzuckerwert im Blut (HbA1c). Notieren Sie sich die Werte und schlagen Sie Alarm, wenn die Tendenz – selbst im Normalbereich – nach oben geht. Diabetes ist gerade in der Frühform heilbar und lässt sich sogar verhindern.

Risikoklasse 3: 23–34 Punkte

Bei Ihnen leuchtet die rote Lampe. Vielleicht haben Sie schon Diabetes Typ 2. Gehen Sie zum Arzt und lassen Sie Blutzucker, Langzeitzuckerwert im Blut (HbA1c), Blutdruck und Blutfette kontrollieren. Zögern Sie nicht, auch eine medikamentöse Therapie zu beginnen. Die kann später wieder abgesetzt werden. Die Heilungschance für Diabetes ist auch bei Ihnen noch sehr hoch – um 70 Prozent.

Praxistipps für Risikoklassen 2 und 3

Stecken Sie Ihren Kopf nicht in den Sand. Diabetes Typ 2 ist heilbar, besonders wenn er früh erkannt wird. Verschenken Sie keine kostbare Zeit. Alles, was gegen das bauchbetonte Übergewicht hilft, wirkt auch gegen Diabetes, Bluthochdruck, erhöhte Blutfette und Co. Sie schlagen also mehrere Fliegen mit einer Klappe.

Analysieren Sie Ihr Essverhalten sowie Ihren Esstyp und führen Sie eine Woche lang ein Ernährungstagebuch. Legen Sie die drei wichtigsten Änderungen fest, die Sie umsetzen möchten. Wenn das geklappt hat, können Sie noch mehr ändern, aber immer Schritt für Schritt.

AUSWERTUNG RUNDUMCHECK

Welche Gene habe ich und wie kann ich den Ausschalter drücken? Sie haben Krankheiten in Ihrer Familie entdeckt? Holen Sie sich Unterstützung von Ernährungsmedizinern und -beratern.

Psychosozialer Stress ist ein unterbewerteter Faktor. Reservieren Sie Zeit für sich! Seien Sie nicht nur für andere da und sagen Sie NEIN, wenn Ihnen etwas zu viel ist.

10 GOLDENE ERNÄHRUNGSREGELN

Im Rahmen der artgerechten Ernährung sind die folgenden zehn Empfehlungen besonders wichtig. Selbst wenn Sie nur drei davon berücksichtigen, tun Sie bereits unermesslich viel für Ihre Gesundheit.

AUF DER BASIS AKTUELLER FORSCHUNG

Lassen Sie sich von veralteten Ernährungstipps nicht verwirren. Jeder Mensch IS(S)T anders. Zweifeln Sie an allen Regeln, sofern Sie nicht mit aktuellen Studien untermauert sind. Die auf diesen Seiten formulierten Regeln basieren auf Ergebnissen der PURE-Studie, der »Women's Health Initiative«, der Diogenes-Studie und der PREDIMED-Studie. Letztere hat die Auswirkungen der mediterranen Ernährung auf unsere Gesundheit untersucht.

1. Gemüse ist Superfood

Je höher der Pflanzenanteil im Essen, desto weniger Zivilisationskrankheiten und Krebs entwickeln die Betroffenen. Warum? Artgerechte Ernährung für Menschen ist schon seit Millionen Jahren pflanzenbetont. Pflanzen liefern entzündungshemmende Substanzen, halten den Blutdruck niedrig und vieles mehr. Achtung: Essen Sie mindestens doppelt so viel Gemüse wie Obst. Der Fruchtzuckergehalt im Obst setzt sonst der Leber zu.

2. Eiweiß ist Muskulatur

Wer nicht genug Proteine isst, verliert seine Muskulatur schneller, riskiert seine Gelenkgesundheit und erhöht sein Risiko für Pflegebedürftigkeit. Justieren Sie die Eiweißmenge auf 1–1,2 g pro kg Normalgewicht am Tag. Diese Menge sollte nicht lange unterschritten werden, aber auch nicht überschritten. Die Dosis macht den Erfolg! Vergessen Sie dabei das Pflanzeneiweiß nicht – es ist gesünder.

3. Gesundes Fett tut gut

Oder warum bewirkt die mediterrane Ernährung mit Olivenöl Vorteile für Krebs und Herzkreislauf? Nüsse sind nicht länger Dickmacher. Sie senken das Schlaganfallrisiko um bis zu 20 Prozent – so die PURE-Studie. Gesättigte Fette senken das Risiko dagegen nicht.

4. Zucker ist Gift

Die Dosis macht das Gift, und das trifft hier eindeutig zu. Viele unabhängige Wissenschaftler kritisieren seit Jahren die »Verzuckerung« unserer Lebensmittel. 25 g pro Tag sind in Ordnung, 50 g gehen noch, aber bei mehr als 105 g steigt das Risiko für Herz-Kreislauf-Erkrankungen. Zuckern Sie nicht nach! Achten Sie bei Fertigprodukten bitte immer auf den Zuckergehalt.

5. Wasser bedeutet Vitalität

Wassermangel macht vergesslich und leistungsschwach – sowohl in Bezug auf die geis-

tige als auch die muskuläre Leistung. Die Wasserreserven sind bei älteren Menschen um bis zu 30 Prozent geringer, deshalb sollten sie nicht auf das Durstsignal warten oder ihm vertrauen. Ihr Puffer zum Flüssigkeitsmangel ist kleiner. Aber übertreiben Sie es nicht. An heißen Tagen und wenn Sie 1 Stunde intensiv Sport treiben, darf es 1/2 l mehr sein.

6. Das 2-bis-3-Mahlzeiten-Prinzip ist Pflicht

Wenn Sie rank und schlank sind, keine Fettleber haben und zunehmen wollen, ist diese Regel für Sie nicht wichtig – für alle anderen jedoch Gold wert.

7. Wurst & rotes Fleisch sind krebserregend

Für Wurstwaren ist die negative Bewertung der Weltgesundheitsorganisation (WHO) eindeutig. Rotes Fleisch bekommt dieses Label erst ab einem täglichen Konsum von 80 g. Das unterstreicht noch mal, dass Unmengen von rotem Fleisch nicht zu unserer artgerechten Ernährung gehören.

8. Essen bedeutet Kultur

Essen braucht Zeit. Essen Sie mit Achtsamkeit, wann immer es Ihnen möglich ist. Essen nebenbei, to go, beim Fernsehen? Sie »überhören« Ihren Körper dabei. Geschmack und Sättigung – all das schmecken oder spüren Sie nicht mehr, wenn Sie in der Bahn oder im Gehen essen.

9. Schonende Zubereitung ist wichtig

Möglichst selten braten und dann mit niedrigen Temperaturen. So bleiben Vitamine erhalten, Öle werden nicht ruiniert, und krebserregende Stoffe entwickeln sich gar nicht erst. Vor allem beim Grillen ist die richtige Technik wichtig, um die Entstehung gefährlicher Substanzen zu vermeiden.

10. Salzen ist unnötig

80 Prozent unserer Produkte sind stark gesalzen: Brot, Käse, Konserven, Fertigprodukte, Saucen, Wurstwaren, Räucherfisch. Dadurch liegt die durchschnittliche Salzaufnahme bei 9–10 g pro Tag statt der empfohlenen 3–6 g. Lassen Sie also Salz weg, wo es geht. In England konnte zwischen 2003 und 2011 durch eine 15-prozentige Senkung des Salzgehalts von Lebensmitteln eine Senkung der Herz-Kreislauf-Erkrankungen um 40 Prozent erreicht werden. Umstritten ist nur noch, ob zu wenig Salz den Blutdruck auch wieder ansteigen lässt.

ZUCKER UND ZUSATZSTOFFE

Leider findet sich in unserer täglichen Nahrung auch einiges, was hier besser nicht sein sollte: Unmengen an Zucker, industriell benötigte Zusatzstoffe oder auch Giftstoffe und Rückstände aus der Umwelt.

KEINE WEISSE WESTE

Wer jeden Tag 250 ml eines zuckerhaltigen Getränks trinkt, nimmt nachweislich über acht Jahre 1 kg pro Jahr zu. Normal wären 150 g pro Jahr. Diese Wahrheit wird durch immer mehr Studien belegt. Umgekehrt funktioniert es ebenso: Wird der Zuckerkonsum über solche Getränke reduziert, sinkt auch das Gewicht um 1 kg. Es gilt als statistisch erwiesen, dass die Übergewichtswelle in den westlichen Industrienationen parallel zum steigenden Zuckerkonsum verläuft:

- 250 ml Limonade pro Tag erhöhen das Risiko auf das 1,8-Fache, in den nächsten fünf Jahren an **Diabetes** zu erkranken.
- Ähnlich sieht es mit **Herzinfarkt** aus.
- Sogar für die **Krebsentstehung** gibt es Beweise: Krebszellen brauchen für ihre schnelle Zellteilung viel Energie und lieben Zucker.
- Außerdem verschlechtert ein hoher Blutzuckerspiegel die **Hirnleistung**. Gedächtnis und Konzentration nehmen ab. Studien zeigen kleinere Gehirne bei hohem Zuckerkonsum.
- Bei Kindern wird das **Aufmerksamkeitsdefizitsyndrom** (ADHS) mit einem hohen Zucker- und Zusatzstoffkonsum in Verbindung gebracht.
- Schließlich mag unsere gesunde **Darmflora** auch keinen Zucker.

Zucker – der große Feind

Im Tierversuch konnte gezeigt werden, dass die Mischung aus Zucker und Fett Ratten geradezu zu Fressorgien animiert. Nachweislich stellt der hohe Zuckerkonsum in allen westlichen Industrienationen die größte gesundheitliche Bürde dar. Wer mehr als 105 g Zucker pro Tag konsumiert, hat eine um 2,4-fach erhöhte Wahrscheinlichkeit, eher zu sterben. Erschreckend: Hierzulande werden locker 100 g Zucker am Tag statt der empfohlenen 25 g aufgenommen. In allen Regionen der Erde, in denen es eine besondere Anhäufung von 100-Jährigen gibt, landen übrigens zwei Lebensmittel seltener auf dem Teller: Zucker und Weizenmehlprodukte.

Reduzieren Sie also Zucker! Es ist nicht ganz einfach, weil die Zutatenlisten auf den Packungen oft verwirren. Da ist von Süßmolkepulver (besteht fast nur aus Milchzucker), Glukosesirup, Saccharose, Dextrose, Laktose, Fruktose, Maltodextrin, Molkenerzeugnis, Iso-/Glukose, Disacchariden und Mais-/Sirup die Rede – um nur eine Auswahl zu nennen. Sie sind das Gleiche wie Zucker für den Körper.

Alternativen auf dem Prüfstand

Leider ist Fruchtzucker (Fruktose) zum Süßen kein Ausweg. Er kommt in Agavendicksaft,

Honig oder Trockenfrüchten vor. Früher wurde Fruchtzucker Diabetikern empfohlen, weil er den Blutzucker nicht ansteigen lässt wie Haushaltszucker. Allerdings weiß man heute, dass damit Öl ins Feuer gegossen wurde: Fruchtzucker fördert Fettleber. Süßstoff liefert keine Kalorien, vermindert aber die Empfindlichkeit für Süßes. Die Wahrscheinlichkeit, dass Sie auch weiterhin zu süßen Produkts greifen, wird damit erhöht.

Würzen Sie mit frischen Kräutern oder aromatischen Gewürzen wie entzündungshemmender Kurkuma. Wenn Sie Saucen nicht selbst herstellen, kaufen Sie Bio-Produkte – die enthalten meist 50 Prozent weniger Zuckerzusatz.

ZUSATZSTOFFE UND MEHR

Genauso sollten Sie auch mit Zusatzstoffen vorsichtig sein. Beispielsweise wird Carrageen – zugesetzt in jeder konventionell hergestellten Sahne – mit dem Auftreten von Darmentzündungen in Zusammenhang gebracht. Besonders kritisch ist der Zusatz von künstlichem Phosphat in Cola, Schmelzkäse oder als Rieselhilfe in pulverförmigen Lebensmitteln wie Kakao. Auch fast alle Wurstwaren sind damit versetzt. Phosphat stabilisiert das jeweilige Produkt, bindet Wasser und erhöht damit das Verkaufsgewicht. Es schädigt allerdings auch die Nieren – so ist nachgewiesen, dass durch die hohe Phosphataufnahme über viele Fertigprodukte in Deutschland rechnerisch 2000 Menschen jährlich früher sterben müssen, weil ihre geschädigten Nieren früher versagt haben. Außerdem schadet Phosphat in Nahrungsmitteln der Knochengesundheit und fördert Arterienverkalkung sowie Hautalterung.

Umweltgifte – Beispiel Arsen

Auch Umweltbelastungen können die Qualität unserer Nahrung beeinträchtigen. Fast weltweit ist beispielsweise Reis mit krebserregendem Arsen belastet. Besonders Menschen, die sehr viel Reis essen, und kleine Kinder können dadurch gesundheitliche Nachteile erleiden.

Wird Arsen in kleinen Mengen regelmäßig aufgenommen, können Blutgefäße und Nerven geschädigt werden, die Gefahr von Herz-Kreislauf-Erkrankungen steigt. Reiswaffeln, Reisbrei oder Reismilch sind besonders belastet – die Verbraucherzentrale empfiehlt daher, solche Produkte nur in Maßen zu verzehren.

Xylit als Alternative

Sie können auch mit Birkenzucker (Xylit/-ol) experimentieren. Bei ähnlicher Süßkraft wie Zucker ist sein Kaloriengehalt um 40 Prozent geringer. Die Verstoffwechslung erfolgt unabhängig von Insulin – also gut für Diabetiker und alle, die abnehmen wollen.

VEGETARISCHE UND VEGANE ERNÄHRUNG

Veggie-Food liegt im Trend und ist erwiesenermaßen gesund.
Denn die optimale Ernährung setzt ebenfalls auf reichlich Gemüse und Obst.
Nur bei wenigen Nährstoffen kann die Versorgung kritisch werden.

RUNDUM IM VORTEIL

Vegetarier sind seltener chronisch krank und leiden seltener an Diabetes Typ 2 und Krebserkrankungen. Wissenschaftler vermuten, dass das nicht nur an der Ernährung, sondern auch am allgemeinen Lebensstil von Vegetariern liegt. Immerhin schneiden sie beim Gewicht auch besser als der Durchschnitt ab. Warum das so ist, liegt auf der Hand: Vegetarische Ernährung ist reich an Ballaststoffen und weist eine geringe Energiedichte – also wenig Kalorien – auf.

Die Lebenserwartung von Vegetariern und Veganern ist höher als die der Durchschnittsbevölkerung. Mischköstler, die gesundheitsbewusst leben und nur Fisch oder geringe Mengen Fleisch verzehren, haben eine ähnlich hohe Lebenserwartung.

Vegetarisch ist artgerecht

Wer dann noch die leicht verdaubaren Kohlenhydrate in Weißbrot, Keksen und Co. durch gesunde Fette und reichlich Grünzeug ersetzt, setzt noch einen drauf: Darauf weisen die Ergebnisse der weltweiten PURE-Studie aus dem Jahr 2017 hin. Ein Blick in die Entwicklungsgeschichte der Menschheit bestätigt dies: Archäologen fanden in Vorratsgefäßen unserer Vorfahren überwiegend Reste von Pflanzen. Übrigens: Die Behauptung, dass tierisches Eiweiß gehalt- und wertvoller ist, stimmt nicht. Wer auf die biologische Wertigkeit achtet, wird sicher nicht in einen Eiweißmangel rutschen, wenn er auf tierische Lebensmittel verzichtet.

Vegan eingeschränkt empfehlenswert

Veganer weisen eine um 30 Prozent erhöhte Wahrscheinlichkeit für Knochenbrüche auf. Vegane Ernährung macht offenbar anfällig für bestimmte Nährstoffmängel. Der Ovo-Lacto-Vegetarier, der Eier isst und Milch trinkt, ist gut versorgt. Allerdings mangelt es auch ihm häufig an Vitamin D sowie Jod, Eisen, Zink und langkettigen Omega-3-Fettsäuren. Generell können folgende Nährstoffe kritisch sein:

- **Vitamin D:** Für Vegetarier und Veganer ist regelmäßiger Aufenthalt im Freien ein Muss. Sicherheitshalber den Vitamin-D-Spiegel im Blut checken und mit Tabletten verbessern.
- **Vitamin B12**, reichlich in tierischen Produkten, fehlt mit der Zeit bei den meisten Vegetariern und besonders Veganern. Wenn

Hülsenfrüchte wie Bohnen und Erbsen liefern reichlich gesundes Pflanzenprotein.

sich der Speicher nach ein bis drei Jahren erschöpft, kann es zu Anämie, Schwäche und Nervenstörungen kommen.

- **Eisen** aus pflanzlichen Lebensmitteln verwertet der Körper schlechter als solches aus tierischen. Die Eisenaufnahme lässt sich durch Vitamin C steigern, der sekundäre Pflanzenstoff Polyphenol in Kaffee oder Tee mindert sie – beides nicht zum Essen trinken! Hülsenfrüchte, Nüsse und Vollkornprodukte sind auch reich an Eisen und Zink.
- **Zink** kommt in Fisch, Eiern und Milchprodukten vor. Wer darauf verzichtet, hat eine hohe Wahrscheinlichkeit für einen Mangel.
- **Jodmangel** lässt sich durch jodiertes Speisesalz, Weizenkleie, Champignons, Brokkoli, Hülsenfrüchte und Algen ausgleichen.
- **Kalziummangel** beugt man durch Blattgemüse und Kohl vor. Rhabarber, Spinat, Mangold und Kakao hemmen die Kalziumaufnahme.
- **Omega-3-Fettsäuremangel** lässt sich durch Lein-, Raps- oder Walnussöl verhindern. Sie

sind reich an Alpha-Linolensäure, die der Körper in Omega-3-Fettsäure umwandelt. Wichtig: Sonnenblumen- und Maiskeimöl oder Transfette hemmen den Umbau.

WER MUSS AUFPASSEN?

Für Schwangere und Stillende werden vegetarische und vor allem vegane Ernährungsformen kontrovers diskutiert. Der Grund: Leider kommt es immer wieder zu schweren Entwicklungsverzögerungen sowie Störungen in der Hirnentwicklung der Kinder. Die US-amerikanische Fachgesellschaft sieht das weniger kritisch und betont die gesundheitsfördernde Wirkung der Pflanzenkost. Allerdings gibt es in Amerika auch wesentlich mehr Nahrungsmittel, die mit Vitaminen und Mineralstoffen angereichert sind. Dort ist das Risiko einer Mangelversorgung bei Veganern oder Vegetariern nicht so groß wie in Deutschland. Jede Frau im gebärfähigen Alter sollte die kritische Vitamin-, Mineralstoff- und Fettaufnahme im Auge behalten und rechtzeitig gut vorsorgen.

PFLANZENKOST TUT GUT?

Ein weiterer Pluspunkt der pflanzenbetonten Ernährung ist das Wohlbefinden und die gute geistige und körperliche Leistungsfähigkeit, von denen viele immer wieder berichten. Das kann an der überwiegend basischen Ernährung liegen: Gemüse, Obst oder Kartoffeln wirken im Körper basisch, Fleisch, Wurst und Fisch sowie Milchprodukte und Eier, Brot, Getreide und Nudeln führen zu einer höheren Säurelast. Das kann sich in verminderter Regeneration und Leistungsfähigkeit bis hin zur Schwächung des Immunsystems auswirken.

AM ARBEITSPLATZ UND UNTERWEGS

Auch wenn es hektisch ist: Versuchen Sie, ohne Ablenkung und nicht vor dem PC – langsam – zu essen und gut zu kauen (mindestens 20-mal!). Planen Sie Esspausen bewusst ein, nehmen Sie sich Zeit für sich!

DER START IN DEN TAG

In der Regel frühstücken wir daheim. Ihnen fehlt die Zeit oder Muße, zu Hause zu frühstücken, und Sie holen das als Einstieg am Arbeitsplatz nach? Dann wäre es prima, wenn zumindest Teile davon vorab zu Hause zubereitet werden. Sie können beispielsweise ein Eiweißmüsli aus Quark, Obst und einer Mischung aus Nüssen, Haferflocken, Samen oder Kernen oder Overnight Oats mitnehmen.

Eine gute Grundlage bieten auch ein Vollkorn-Brot mit Kräuterquark, Käse, Lachs, Avocado, Tomate und Gurke. Wer lieber »flüssig« frühstückt, mischt sich einen Frühstücksshake aus Buttermilch, Flocken, Obst und Nüssen zum Mitnehmen.

HAUPTMAHLZEITEN

Egal, ob Sie mittags oder abends eine große Mahlzeit einlegen, auch hier können Sie einige Punkte in Sachen gesunde und artgerechte Ernährung berücksichtigen. Empfehlenswert ist es wiederum, sich am Tag zuvor etwas zuzubereiten und dann zur Arbeit mitzunehmen. Es spart übrigens Zeit und Aufwand, wenn Sie gleich die doppelte Menge kochen, um noch eine Portion am nächsten Tag mitzunehmen.

Selbstbedienung in Kantine und Mensa

Sie verbessern automatisch den Gesundheitswert von Kantinenessen, wenn Sie zu jedem Gericht eine große Gemüseportion wählen. Am besten beachten Sie dabei die Empfehlung: 50 Prozent Gemüse, 30 Prozent Fleisch, Fisch, Eier und Milchprodukte, 20 Prozent Kartoffeln, Vollkornnudeln und -reis. Sollte der Gemüseanteil im Essen sehr gering ausfallen, stellen Sie noch einen kleinen Salat mit aufs Tablett. Das besser tauschen: statt Sahne- oder Bratensauce hochwertige Öle aus der Salatbar für Gemüse und Kartoffeln, statt fertiger Sahne- oder Joghurtdressings ein Essig-Öl-Dressing zum Salat … und: Frittiertes und Paniertes meiden!

Auswärts essen im Restaurant

Beim Essengehen können Sie ebenfalls darauf achten, Gerichte zu wählen, die eine große Gemüseportion beinhalten. Die Kohlenhydratbeilage – meist Reis, Pommes oder Nudeln – lässt sich auf Nachfrage durch Gemüse austauschen. Auch das Weißbrot vorab besser meiden und für den ersten Hunger einen Beilagensalat oder eine Gemüsesuppe bestellen.

Lassen Sie sich durch die Begriffe auf der Speisekarte nicht verwirren. Frittiert, gebacken, in einer Sauce: Bei diesen Zubereitungsarten kön-

Mit selbst gemachten Salaten gehen Sie ungesunder Kantinenkost aus dem Weg.

nen Sie davon ausgehen, dass die Gerichte fett- und kalorienreich sind. Gegrilltes, gedünstetes oder gebratenes Fleisch, Fisch oder Gemüse wären gesündere Alternativen – in einem großen Salat mit Hähnchenstreifen oder Thunfisch und Käse. Und: Am besten nie ausgehungert ins Restaurant gehen!

Gesund wählen beim Bäcker
Wer im Vorbeigehen beim Bäcker sein Frühstück mitnehmen möchte, verzichtet besser auf Weißmehlprodukte wie belegte Weizenbrötchen mit fettreicher Wurst oder schlechtem Streichfett wie Mayo und gezuckerte Teilchen – die sättigen nur kurz und liefern reichlich ungesundes Fett sowie zu viel Zucker. Auch für die Mittagspause empfehlen sich Vollkorn-Brote mit magerem Belag, Ei oder Käse. Bitte Mayonnaise oder Remoulade auf dem Brot meiden – es gibt viele Varianten mit Butter oder Frischkä-

se unter Hähnchenbrust, Pute oder Käse. Wraps und Salate sind ebenfalls im Bäckersortiment zu finden.

DARF ES WAS SÜSSES SEIN?
Ja, darf es! Aber am besten nur ein kleines Dessert – und das direkt nach dem Mittagessen. So schließt sich das Dessert dem Hauptessen an, und Sie vermeiden Blutzuckerspitzen zwischen den Mahlzeiten und Heißhungerattacken auf etwas Süßes am Nachmittag. Gut eignen sich zum Beispiel ein Joghurt, Obstsalat oder zwei Stückchen Zartbitterschokolade.

GESUND TRINKEN
Achten Sie auf gesunde Getränke. Wählen Sie Mineral- oder Leitungswasser, ungesüßten Kräuter- oder Früchtetee, stark verdünnte Saftschorlen (¼ Saft, ¾ Wasser) sowie Kaffee – gern mit Milch, aber immer ohne Zucker.

REZEPTE

Leckere Rezepte zum Sattessen

Brechen Sie auf zu neuen Ufern! Lassen Sie sich
von unseren Ideen inspirieren und variieren Sie
die Rezepte mit Zutaten, die Ihnen besonders gut
schmecken. Wir haben bewusst Milchalternativen
wie Sojadrink und -sahne eingesetzt – wenn Sie
Milchprodukte gut vertragen, können Sie auch diese
verwenden. Damit Sie schnelle Rezepte auf einen
Blick erkennen, sind Hauptgerichte, die maximal
30 Minuten reine Arbeitszeit benötigen, und kleine
Gerichte mit maximal 20 Minuten Zubereitungszeit
extra gekennzeichnet.

KNUSPERMÜSLI MIT PISTAZIEN

vegetarisch • laktosefrei

90 g Haferflocken

2 EL Mandeln

3 EL Pistazienkerne

2 EL Kürbiskerne

2 EL Mohnsamen

1 EL Kürbiskernöl

1 Zweig Rosmarin

2 EL Apfeldicksaft oder Honig

1 TL Salz

200 g getr. Soft-Aprikosen

Für 20 Portionen
10 Min. Zubereitung
15 Min. Backen
Nährwert pro Portion:
ca. 85 kcal
3 g EW | 5 g F | 9 g KH

1 Den Ofen auf 190° vorheizen. Ein Backblech mit Backpapier auslegen. Flocken, Nüsse, Kerne und Mohn mit dem Öl mischen. Rosmarin waschen, trocken schütteln, Nadeln abzupfen und hacken.

2 Flocken-Kerne-Mix mit Apfeldicksaft, Salz und Rosmarin verrühren und auf dem Blech großzügig verteilen. Im Ofen (Mitte) ca. 15 Min. rösten, dabei nach ca. 10 Min. wenden. Inzwischen die Aprikosen klein schneiden und untermischen. Alles im Ofen bei leicht geöffneter Tür abkühlen und kross werden lassen.

3 Das Knuspermüsli passt gut zu Quark oder Joghurt mit frischem oder TK-Obst, wie Erdbeeren, Beerenmischung, Apfel oder Birne. Gut verschlossen und trocken aufbewahren. Die Haltbarkeit richtet sich nach der Zutat mit dem kürzesten Mindesthaltbarkeitsdatum. Das Müsli aber zügig verbrauchen, da die »Knusprigkeit« mit der Zeit nachlässt.

Schnelles
25
Minuten-
Rezept

BEERENMÜSLI

vegetarisch • laktosefrei

je 50 g Himbeeren, Erd- und
Rote Johannisbeeren
1 Granatapfel
100 g Buchweizen- oder
kernige Haferflocken
100 ml Granatapfelsaft
100 ml ungesüßter
Mandeldrink
Mark von 1 Vanilleschote
200 g Sojaghurt
(ersatzweise Joghurt 3,5 %)
2 TL Krokant (Fertigprodukt)
4 Blätter Minze

Für 2 Personen
15 Min. Zubereitung
10 Min. Quellen
Nährwert pro Portion:
ca. 335 kcal
10 g EW | 6 g F | 57 g KH

1 Die Beeren verlesen, waschen und trocken tupfen. Granatapfel halbieren und 50 g Kerne auslösen (Reste anderweitig verwenden). Dafür die Granatapfelhälften in einer Schüssel mit Wasser zerbrechen und die Kerne aus der Haut schälen. In ein Sieb abgießen und abtropfen lassen.

2 Die Buchweizenflocken mit Granatapfelsaft und Mandeldrink mischen und ca. 10 Min. quellen lassen. Inzwischen das Vanillemark mit dem Joghurt mischen. Den Flockenmix mit den Granatapfelkernen mischen und auf Schalen verteilen. Vanillejoghurt und Beeren daraufsetzen. Müsli mit Krokant und Minze bestreut servieren.

Tipp: Achtung Kochschürze! Granatapfelsaft ist schwer aus der Kleidung zu entfernen. Bei einem reifen Granatapfel ist die Krone leicht geöffnet und die Farbe rot bis dunkelrot. Ist die Haut hart und schrumpelig, kann dies auf einen alten Granatapfel hinweisen.

HIRSE-APFEL-PORRIDGE

vegetarisch • laktosefrei • glutenfrei

1 süßlicher Apfel

etwas Zitronensaft

40 ml Apfelsaft

½ TL Zimtpulver

1 TL Vanillezucker

80 g Hirse

4 Trockenpflaumen

280 ml ungesüßter Haselnussdrink

Salz

2 EL Haselnussblättchen

Für 2 Personen
35 Min. Zubereitung
Nährwert pro Portion:
ca. 380 kcal
7 g EW | 16 g F | 51 g KH

1 Den Apfel schälen, vierteln und entkernen. Die Viertel in kleine Würfel schneiden und sofort mit Zitronensaft beträufeln. Einige Apfelwürfel zum Garnieren beiseitelegen, den Rest mit 40 ml Wasser, Apfelsaft, Zimt und Vanillezucker aufkochen. Zugedeckt bei schwacher Hitze ca. 15 Min. köcheln. Vom Herd nehmen und im Topf mit dem Stabmixer fein pürieren, das Apfelmus zugedeckt beiseitestellen.

2 Inzwischen die Hirse in einem Sieb kalt abbrausen und abtropfen lassen. Die Trockenpflaumen in kleine Stücke schneiden. Die Hirse mit Haselnussdrink, 1 Prise Salz und Trockenpflaumen einmal aufkochen, dann zugedeckt bei schwacher Hitze ca. 10 Min. garen. Danach das Apfelmus untermischen.

3 Das Hirse-Porridge in Schalen verteilen und mit den beiseitegelegten Apfelstücken sowie den Haselnussblättchen bestreut servieren.

BUTTERMILCHWAFFELN MIT HIMBEEREN vegetarisch

100 g Himbeeren
(frisch oder TK)
etwas Zitronensaft
1 TL Honig, 2 EL Rapsöl
100 g Speisequark
(max. 20 % Fett)
2 EL Xylit (ein Zucker-
austauschstoff, siehe S. 25)
1 TL gemahlene Vanille
2 Eier, 150 ml Buttermilch
100 g Vollkorn-Weizenmehl
25 g Mandelmehl
½ Pck. Backpulver
4 Blätter Zitronenmelisse
(nach Belieben)

Für 8 Stück
40 Min. Zubereitung
Nährwert pro Stück:
ca. 125 kcal
7 g EW | 5 g F | 14 g KH

1 Für die Sauce die Himbeeren verlesen, waschen und trocken tupfen (TK-Ware rechtzeitig in einem Sieb auftauen und abtropfen lassen). In einem hohen Rührbecher mit dem Stabmixer fein pürieren. Nach Belieben noch durch ein Sieb passieren, um die Kerne zu entfernen. Püree mit Zitronensaft und Honig mischen.

2 Das Waffeleisen aufheizen und die Backflächen mit Öl einfetten. Quark, Xylit und Vanille in einer Schüssel gut verrühren. Eier und Buttermilch dazugeben und alles schaumig rühren. Beide Mehlsorten mit Backpulver sieben und ebenfalls unterrühren.

3 Je 2 EL Teig in die Mitte des Waffeleisens geben und die Waffel in ca. 1 Min. goldgelb backen. Herausnehmen und auf einem Kuchengitter ausdampfen lassen. Übrige 7 Waffeln genauso backen, bis der Teig aufgebraucht ist. Die Waffeln mit der Sauce und nach Belieben mit Zitronenmelisseblättern servieren.

Schnelles
20
Minuten-
Rezept

MEDITERRANES RÜHREI

vegetarisch • laktosefrei • glutenfrei

1 kleine Zwiebel

1 EL schwarze Oliven (entsteint)

½ Zucchino

2 Tomaten

½ Bund Basilikum

1 EL Olivenöl

4 Eier

50 ml Sojadrink (ersatzweise Milch)

Salz, Pfeffer

1 TL italien. TK-Kräuter

3 TL geriebener Parmesan

Für 2 Personen
20 Min. Zubereitung
Nährwert pro Portion:
ca. 295 kcal
19 g EW | 22 g F | 5 g KH

1 Zwiebel schälen und in kleine Würfel schneiden. Oliven abtropfen lassen und vierteln. Zucchino putzen, waschen und auf der Gemüsereibe grob raspeln. Tomaten waschen und in kleine Würfel schneiden, dabei Kerne und Stielansätze entfernen. Basilikum waschen, trocken schütteln, die Blätter abzupfen und fein hacken.

2 Zwiebel, Oliven und Zucchiniraspel in einer Pfanne im Öl andünsten. Inzwischen die Eier mit Sojadrink, Salz, Pfeffer und Kräutern gründlich verquirlen. Die Eiermasse über das Gemüse geben und unter Rühren mit einem Pfannenwender ca. 5 Min. stocken lassen. Zum Servieren die Tomatenwürfel mit Basilikum und den geriebenen Parmesan über das Rührei streuen.

Tipp: Bei Laktoseintoleranz können Sie auch laktosefreie Milch nehmen. Parmesan ist von Natur aus laktosefrei, da es sich um einen Hartkäse handelt, dessen Laktosegehalt unter 0,1 % liegt.

Schnelles
15
Minuten-
Rezept

PILZOMELETT MIT FETA

vegetarisch • glutenfrei

250 g braune und
weiße Champignons
1 kleine Zwiebel
1 Zweig Thymian
150 g Schafskäse (Feta)
2 EL Rapsöl
4 Eier
Salz, Pfeffer

Für 2 Personen
15 Min. Zubereitung
Nährwert pro Portion:
ca. 455 kcal
30 g EW | 36 g F | 3 g KH

1 Die Champignons putzen, bei Bedarf mit einem Tuch abreiben und in Streifen schneiden. Die Zwiebel schälen und fein würfeln. Den Thymian waschen, trocken schütteln und die Blättchen abzupfen. Den Feta klein hacken oder zerbröckeln.

2 Das Öl in einer Pfanne erhitzen und die Champignons darin mit der Zwiebel andünsten. Inzwischen die Eier mit Thymian, Salz und Pfeffer in einer Schüssel verquirlen und zu den Champignons in die Pfanne geben. Das Omelett zugedeckt bei mittlerer Hitze ca. 2 Min. stocken lassen.

3 Zuletzt den zerbröselten Schafskäse gleichmäßig auf dem Omelett verteilen, das Omelett in der Mitte zusammenklappen und noch ca. 3 Min. weiterbraten. Zum Servieren das Omelett halbieren und auf Teller verteilen.

PINK-SMOOTHIE-BOWL

vegetarisch • laktosefrei

1 Birne

2 reife Bananen

200 g vorgekochte Rote
Beten (vakuumverpackt)

1 EL Leinsamen

150 g Sojaghurt

3 EL feine Haferflocken

Für 2 Kinder + 2 Erwachsene
15 Min. Zubereitung
Nährwert pro Portion Kind: ca.
120 kcal | 4 g EW | 2 g F | 20 g KH
Erwachsener: ca. 240 kcal
8 g EW | 4 g F | 39 g KH

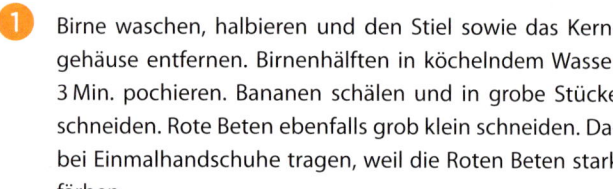 Birne waschen, halbieren und den Stiel sowie das Kerngehäuse entfernen. Birnenhälften in köchelndem Wasser 3 Min. pochieren. Bananen schälen und in grobe Stücke schneiden. Rote Beten ebenfalls grob klein schneiden. Dabei Einmalhandschuhe tragen, weil die Roten Beten stark färben.

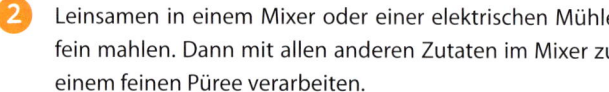 Leinsamen in einem Mixer oder einer elektrischen Mühle fein mahlen. Dann mit allen anderen Zutaten im Mixer zu einem feinen Püree verarbeiten.

Schnelles
15
Minuten-
Rezept

50 g Haselnusskerne

1 EL Ahornsirup

1 EL rohes Kakaopulver

2 Bananen

200 g Hüttenkäse

frische Beeren nach Belieben

Für 4 Portionen
15 Min. Zubereitung
Nährwert pro Portion:
ca. 210 kcal
10 g EW | 11 g F | 17 g KH

BREAKFAST BANANASPLIT

vegetarisch • glutenfrei

1 Haselnusskerne in einem Mixer grob zerkleinern. Dann mit Ahornsirup und Kakao in einer Schüssel vermengen.

2 Bananen schälen und der Länge nach halbieren. Hüttenkäse großzügig auf den Bananenhälften verteilen. Mit den Kakao-Haselnüssen bestreuen und nach Belieben mit frischen Beeren garnieren.

ROTE-BETE-BROTAUFSTRICH

vegetarisch • laktosefrei • glutenfrei

2 Rote Beten (s. Tipp)
30 g Cashewkerne
Salz
½ TL geriebener Meerrettich
25 g gemahlene Mandeln
etwas Limettensaft
gemahlener Kümmel
Pfeffer

Für 2 Personen
40 Min. Zubereitung
Nährwert pro Portion:
ca. 185 kcal
6 g EW | 13 g F | 10 g KH

1 Die Roten Beten putzen, waschen und mit Schale in einem Topf in reichlich Wasser ca. 30 Min. weich garen. Danach abgießen, abkühlen lassen, schälen und grob zerteilen (dabei am besten mit Einmalhandschuhen arbeiten!).

2 Inzwischen die Cashewkerne im Blitzhacker fein pürieren und die Paste mit Salz abschmecken. Rote-Bete-Stücke, Meerrettich und Mandeln zu den Cashewkernen geben und alles cremig pürieren.

3 Zuletzt den Brotaufstrich mit Limettensaft, Kümmel, Salz und Pfeffer abschmecken. Dazu passt Baguette oder Knäckebrot.

Tipp: Alternativ zu roher Roter Bete können Sie auch 2 bereits vorgegarte und vakuumverpackte Knollen verwenden.

Schnelles
5
Minuten-
Rezept

KINDER-KETCHUP

vegetarisch • laktosefrei • glutenfrei

5 gehäufte EL Tomatenmark

2 EL Ahornsirup

1 EL Apfelessig

1 TL edelsüßes Paprikapulver

½ TL Currypulver

Piment

Meersalz

 Tomatenmark, Ahornsirup, Essig, Paprika und Curry mit je 1 Prise Piment und Meersalz sowie 50 ml Wasser in einer Schüssel vermengen. Fertig!

Tipp: Das Ketchup, das frei von industriellem Zucker ist, passt toll zu selbst gemachten Pastinaken-Pommes und zu vegetarischen Hamburgern.

Für 150 g
5 Min. Zubereitung
Nährwert pro EL:
ca. 10 kcal
0 g EW | 0 g F | 2 g KH

Schnelles
10
Minuten-
Rezept

RADIESCHENDIP MIT HÜTTENKÄSE *vegetarisch • glutenfrei*

4 Radieschen

1,5 Frühlingszwiebeln

200 g körniger Frischkäse (s. Tipp)

1 EL gehackte Petersilie

1 EL Joghurt (3,5 % Fett)

Salz, Pfeffer

Für 2 Personen
10 Min. Zubereitung
Nährwert pro Portion:
ca. 105 kcal
13 g EW | 4 g F | 4 g KH

1 Die Radieschen putzen, waschen und in feine Würfel schneiden. Die Frühlingszwiebeln putzen, waschen, der Länge nach vierteln und in feine Würfel schneiden.

2 Den Frischkäse mit Radieschen, Frühlingszwiebeln, Petersilie und Joghurt in einer Schüssel gründlich verrühren und mit Salz und Pfeffer abschmecken. Dazu passen Baguette, Rohkoststicks oder Pellkartoffeln.

Tipp: Hüttenkäse (körniger Frischkäse) ist extrem kalorienarm (80–90 kcal pro 100 g) – im Vergleich dazu enthält Frischkäse natur ca. 220 kcal pro 100 g. Mit seinem hohen Anteil an Eiweiß sättigt er auch gut. Außerdem enthält Hüttenkäse nur wenig Fett (unter 5 g pro 100 g) und so gut wie keine Kohlenhydrate (0 g KH auf 100 g) – denn der Milchzucker wurde bei der Herstellung »ausgewaschen«. Bei Hüttenkäse droht also kein Blutzuckeranstieg.

AVOCADO-WALNUSS-PESTO

vegetarisch • laktosefrei • glutenfrei

½ Bund Basilikum

1 Knoblauchzehe

1,5 Avocados

50 g Walnusskerne

2 EL geriebener Parmesan

4 EL Walnussöl

Salz, Pfeffer

1 EL Zitronensaft

Für 6 Personen
10 Min. Zubereitung
Nährwert pro Portion:
ca. 220 kcal
4 g EW | 22 g F | 1 g KH

1 Basilikum waschen, trocken schütteln und die Blätter ab-zupfen. Knoblauch schälen und grob hacken. Avocados halbieren, den Kern entfernen, die Hälften schälen und in grobe Stücke schneiden. Die Walnüsse grob hacken oder einmal kurz vorpürieren.

2 Basilikumblätter, Knoblauch, Avocado und Walnüsse in ei-nem hohen Rührbecher mit dem Stabmixer pürieren. Da-bei langsam so viel Öl dazugeben, bis eine cremige Konsis-tenz entstanden ist. Zuletzt das Pesto mit Salz, Pfeffer und Zitronensaft abschmecken.

Tipp: Viele Käsesorten sind von Natur aus laktosearm, denn während der Reifung wird die Laktose abgebaut. Vor allem Hartkäsesorten wie Parmesan reifen sehr lange und sind nahezu laktosefrei.

43

Schnelles
20
Minuten-
Rezept

2 Avocados

1 Limette

1 Mango

1 Tomate

1 Knoblauchzehe

Meersalz

Für 2 Kinder + 2 Erwachsene
20 Min. Zubereitung
Nährwert pro Portion Kind: ca.
150 kcal | 2 g EW | 14 g F | 6 g KH
Erwachsener: ca. 300 kcal
3 g EW | 27 g F | 12 g KH

MANGO-GUACAMOLE

vegetarisch • laktosefrei • glutenfrei

1 Avocados halbieren und den Kern entfernen. Das Fruchtfleisch herauslösen und mit einer Gabel zerdrücken. Limette auspressen und den Saft über das Avocadofruchtfleisch träufeln, damit es sich nicht braun verfärbt.

2 Mango schälen, den Stein entfernen und das Fruchtfleisch würfeln. Tomate waschen und in kleine Stücke schneiden, dabei den Stielansatz entfernen. Knoblauch schälen und fein hacken. Mango, Tomate und Knoblauch mit dem Avocadomus vermengen und mit Salz abschmecken. Toll zu Fladenbrot, Mais-Chips oder Sesam-Crackern!

Schnelles
30
Minuten-
Rezept

1 EL Zitronensaft
½ TL Agavendicksaft
1 EL Walnussöl
1 EL saure Sahne
Salz, Pfeffer
1 weiße Rübe
1 Möhre
1 Rote Bete
½ gelbe Paprikaschote
200 g Weißkohl
je ½ Bund Petersilie und
Schnittlauch
2 EL Walnusskerne

Für 2 Personen
15 Min. Zubereitung
15 Min. Ruhen
Nährwert pro Portion:
ca. 230 kcal
6 g EW | 16 g F | 14 g KH

REGENBOGENSALAT

vegetarisch • glutenfrei

1 Für das Dressing Zitronen- und Agavendicksaft in einer Salatschüssel verrühren. Öl und Sahne unterschlagen und alles mit Salz und Pfeffer abschmecken.

2 Rübe, Möhre und Rote Bete (dabei am besten mit Einmalhandschuhen arbeiten!) putzen, schälen und auf der Gemüsereibe grob raspeln oder in kleine Stifte schneiden. Aus der Paprika Kerngehäuse und Kerne entfernen, Paprika waschen und in Streifen schneiden. Den Kohl putzen und fein raspeln. Das Gemüse mit dem Dressing mischen und mindestens 15 Min. ziehen lassen.

3 Inzwischen Petersilie und Schnittlauch waschen, trocken schütteln, von der Petersilie die Blätter abzupfen und grob hacken, den Schnittlauch in feine Röllchen schneiden. Nüsse in einer Pfanne ohne Fett leicht rösten. Zum Servieren den Salat auf Tellern anrichten und mit Kräutern und Nüssen bestreuen.

MAIS-SALAT MIT TOMATEN UND PINIENKERNEN *vegetarisch*

500 g Mais (Dose)

300 g Kirschtomaten

1 Salatgurke

50 g Pinienkerne

1 Schalotte

½ Knoblauchzehe

½ Limette

Meersalz

50 ml Olivenöl

1 EL weißer Balsamicoessig

2 TL Joghurt

1 TL Dijon-Senf

1 TL Agavendicksaft

Für 2 Kinder + 2 Erwachsene
30 Min. Zubereitung
Nährwert pro Portion Kind: ca.
245 kcal | 6 g EW | 15 g F | 22 g KH
Erwachsener: ca. 495 kcal
11 g EW | 30 g F | 44 g KH

1 Mais in einem Sieb abbrausen und abtropfen lassen. Tomaten waschen, halbieren und die Stielansätze entfernen. Gurke waschen und in kleine Würfel schneiden. Pinienkerne in einer beschichteten Pfanne ohne Fett anrösten und beiseitestellen.

2 Für das Dressing Schalotte und Knoblauch schälen und fein hacken. Limette auspressen. Limettensaft, ½ TL Salz und alle anderen Zutaten des Dressings gut miteinander vermengen. Tomaten, Mais und Gurke in einer Schüssel mischen.

3 Dressing hinzufügen und den Salat mit Pinienkernen garnieren.

Schnelles
15
Minuten-
Rezept

1 Dose Thunfisch im eigenen
Saft (150 g Abtropfgewicht)
2 Frühlingszwiebeln
200 g Kirschtomaten
300 g körniger Frischkäse
2 EL gehackte Petersilie
(frisch oder TK)
2 EL Olivenöl
1 EL Zitronensaft
Salz, Pfeffer

Für 2 Personen
15 Min. Zubereitung
Nährwert pro Portion:
ca. 345 kcal
37 g EW | 18 g F | 7 g KH

SCHNELLER
THUNFISCHSALAT glutenfrei

1 Den Thunfisch in ein Sieb abgießen und gut abtropfen lassen. Die Frühlingszwiebeln putzen, waschen, jeweils das grüne Ende entfernen und den Rest in dünne Ringe schneiden. Die Tomaten waschen und in Würfel schneiden.

2 In einer Schüssel Frischkäse mit Thunfisch, Frühlingszwiebeln, Tomaten, Petersilie und Öl mischen. Den Thunfischsalat mit Zitronensaft, Salz und Pfeffer abschmecken und sofort servieren.

Tipp: Körniger Frischkäse eignet sich gut als Zwischenmahlzeit, um lange Wartezeiten bis zur nächsten Mahlzeit zu überbrücken. Verwenden Sie ihn als Brotaufstrich statt Butter, Margarine oder Frischkäse – er schmeckt fruchtig-süß oder herzhaft.

Schnelles
30
Minuten-
Rezept

100 g rote Linsen

2 Hähnchenbrustfilets
(à ca. 125 g)

Salz, Pfeffer

1 EL Rapsöl

2 Frühlingszwiebeln

½ Möhre

170 g Champignons

2 EL Zitronenessig

2 EL Hanf- oder anderes
Pflanzenöl

1 TL Honig

1 TL mittelscharfer Senf

Für 2 Personen
30 Min. Zubereitung
Nährwert pro Portion:
ca. 525 kcal
44 g EW | 24 g F | 33 g KH

LINSENSALAT MIT HÄHNCHEN UND PILZEN laktosefrei

1 Die Linsen in einem Sieb abbrausen und kurz abtropfen lassen. Dann in Wasser in ca. 10 Min. weich garen. In ein Sieb abgießen, kalt abschrecken und gut abtropfen lassen.

2 Inzwischen das Fleisch waschen, trocken tupfen und in Streifen schneiden, mit Salz und Pfeffer würzen. In einer Pfanne in Rapsöl bei mittlerer Hitze rundum ca. 5 Min. braten, herausnehmen und beiseitestellen. Die Frühlingszwiebeln putzen, waschen und in dünne Ringe schneiden. Die Möhre schälen und auf der Gemüsereibe grob raspeln. Die Pilze putzen und bei Bedarf abreiben, dann in dünne Scheiben schneiden.

3 Für das Dressing Essig mit Hanföl, Honig und Senf mischen. Mit Salz und Pfeffer abschmecken und unter das Gemüse ziehen. Linsen hinzufügen, den Salat nochmals abschmecken und auf Teller verteilen. Die Hähnchenstreifen daraufsetzen.

GURKENSALAT MIT DILL-DRESSING vegetarisch • laktosefrei • glutenfrei

6 EL Sojasahne
(ersatzweise saure Sahne)
1 EL Zitronenessig
1 EL Sesamöl
Salz, Pfeffer, Zucker
200 g Salatgurke
100 g Radieschen
½ Bund Dill
1 EL heller Sesam

Für 2 Personen
20 Min. Zubereitung
Nährwert pro Portion:
ca. 165 kcal
3 g EW | 14 g F | 6 g KH

1 Für das Dressing die Sahne mit Essig und Öl in einer Salatschüssel gründlich verrühren und mit Salz, Pfeffer und 1 Prise Zucker abschmecken.

2 Die Gurke waschen und in dünne Scheiben schneiden oder auf der Gemüsereibe dünn hobeln. Die Radieschen putzen, waschen, zuerst in Scheiben und dann in dünne Stifte schneiden. Gurke und Radieschen zum Dressing geben und gut untermischen.

3 Den Dill waschen, trocken schütteln, die Spitzen abzupfen und fein hacken. Dill und Sesam unter den Gurken-Radieschen-Salat rühren und alles mindestens 10 Min. ziehen lassen. Vor dem Servieren nochmals abschmecken.

Schnelles
15
Minuten-
Rezept

AVOCADO-TOMATEN-SALAT

vegetarisch • laktosefrei • glutenfrei

25 g Pistazienkerne

70 g Rucola

250 g Tomaten

1 Avocado

Saft von 2 Limetten

3 EL Olivenöl

Zucker

Salz, Pfeffer

½ Bund Basilikum

Für 2 Personen
15 Min. Zubereitung
Nährwert pro Portion:
ca. 440 kcal
7 g EW | 42 g F | 8 g KH

1 Die Pistazienkerne in einer Pfanne ohne Fett leicht rösten, herausnehmen und abkühlen lassen, dann grob hacken.

2 Den Rucola verlesen, waschen und trocken schütteln, dabei grobe Stiele entfernen. Die Tomaten waschen und in Scheiben schneiden, dabei die Stielansätze entfernen. Die Avocado halbieren, den Kern entfernen, die Hälften aus der Schale lösen und in Stücke schneiden. Den Rucola auf Teller verteilen, Tomaten und Avocado darauf anrichten und mit Pistazien bestreuen.

3 Für das Dressing den Limettensaft mit Öl, 1 Prise Zucker, Salz und Pfeffer mischen und über den Salat träufeln. Basilikum waschen, trocken schütteln, die Blätter abzupfen, grob hacken und über den Salat streuen.

FRUCHTIGER EIERSALAT

vegetarisch • laktosefrei

4 Eier

2 EL leichte Mayonnaise

3 EL Joghurt (3,5 % Fett)

1 EL Essig

Salz, Pfeffer

1 TL Currypulver

¼ TL Cayennepfeffer
(nach Belieben)

1 säuerlicher Apfel

½ rote Zwiebel

2 Gewürzgurken

1 EL Sonnenblumenkerne

1 EL gehackte Petersilie
(frisch oder TK)

Für 2 Personen
30 Min. Zubereitung
Nährwert pro Portion:
ca. 280 kcal
17 g EW | 18 g F | 12 g KH

1 Die Eier in kochendem Wasser in 9 Min. hart kochen. Dann aus dem Topf nehmen, mit kaltem Wasser abschrecken und vollständig abkühlen lassen.

2 Inzwischen für das Dressing die Mayonnaise mit Joghurt, Essig, Salz, Pfeffer, Currypulver und nach Belieben mit dem Cayennepfeffer in einer Salatschüssel verrühren, dann mit den Gewürzen nochmals abschmecken.

3 Den Apfel schälen, vierteln, entkernen und in Stücke schneiden. Die Zwiebel schälen. Zwiebel und Gewürzgurken fein würfeln. Apfel, Zwiebel und Gurken unter die Mayonnaise heben.

4 Abgekühlte Eier schälen, in Scheiben schneiden und ebenfalls behutsam unterheben. Eiersalat mit Sonnenblumenkernen und Petersilie bestreut servieren.

125 g Hirse

1 Zwiebel

2 EL Olivenöl

125 ml Gemüsebrühe
(nach Belieben)

1 Brokkoli

Salz

½ Bund Kerbel

100 g Sojasahne
(ersatzweise Sahne)

1 Ei

Pfeffer

200 g Schafskäse (Feta)

Außerdem:

Öl für die Form

Für 2 Personen
25 Min. Zubereitung
20 Min. Backen
Nährwert pro Portion:
ca. 765 kcal
33 g EW | 47 g F | 51 g KH

HIRSE-BROKKOLI-AUFLAUF

glutenfrei

1 Die Hirse in einem Sieb kalt abbrausen. Die Zwiebel schälen und fein würfeln. Das Öl in einem Topf erhitzen und die Zwiebel darin andünsten. Die Hirse dazugeben und kurz mitdünsten. Dann 125 ml Wasser oder Gemüsebrühe dazugießen, alles aufkochen und zugedeckt bei schwacher Hitze ca. 8 Min. garen. Dann die Hirse in einer Schüssel lauwarm abkühlen lassen.

2 Inzwischen den Brokkoli putzen, waschen und in Röschen teilen, den Strunk schälen und in dicke Scheiben schneiden. In einem Topf ca. 1 cm hoch Wasser mit etwas Salz erhitzen und den Brokkoli darin in einem Siebeinsatz ca. 5 Min. dämpfen. Danach in einem Sieb kalt abschrecken und gut abtropfen lassen.

3 Den Backofen auf 180° vorheizen. Eine kleine Auflaufform mit Öl fetten. Den Kerbel waschen, trocken schütteln, die Blättchen abzupfen und fein hacken. Sahne, Ei und Kerbel gut verquirlen, mit der Hirse mischen und mit Salz und Pfeffer kräftig würzen.

4 Die Brokkolistücke untermischen und alles in der Auflaufform verteilen. Danach den Feta klein bröseln und gleichmäßig darüberstreuen. Den Auflauf im Ofen (unten) ca. 20 Min. backen. Aus dem Ofen nehmen und vor dem Servieren etwas abkühlen lassen.

Schnelles
20
Minuten-
Rezept

250 g Möhren

250 g Zucchini

Salz, Pfeffer

2 Eier

4 EL Vollkorn-Weizenmehl

½ rote Paprikaschote

2 EL Pistazienkerne

1 Avocado

50 g Sojaghurt (ersatzweise
Frischkäse max. 45 % Fett)

2 TL gehackte Petersilie
(frisch oder TK)

2 EL zarte Haferflocken

3 EL Olivenöl

Für 2 Personen
20 Min. Zubereitung
Nährwert pro Portion:
ca. 730 kcal
22 g EW | 51 g F | 43 g KH

GEMÜSEPLÄTZCHEN MIT AVOCADOCREME vegetarisch • laktosefrei

1 Möhren schälen, Zucchini putzen und waschen und beides auf der Gemüsereibe grob raspeln. ½ TL Salz untermischen, ca. 15 Min. ruhen lassen. Inzwischen Eier mit Mehl, Salz und Pfeffer verquirlen.

2 Von der Paprika weißes Kerngehäuse und Kerne entfernen, Hälfte waschen und fein würfeln. Pistazien grob hacken. Avocado halbieren, Kern entfernen, Hälften aus der Schale lösen und mit einer Gabel zerdrücken. Paprika, Avocado, Joghurt und Petersilie vermengen, mit Salz und Pfeffer würzen und mit Pistazien bestreuen. Gemüseraspel in einem sauberen Küchenhandtuch so lange auspressen, bis der überschüssige Saft vollständig ausgetreten ist.

3 Eier-Mehl-Mix und Flocken hinzufügen und alles gut mischen. Aus der Masse mit angefeuchteten Händen 10 flache Plätzchen formen und in einer Pfanne in Öl goldbraun backen, dabei vorsichtig wenden. Mit der Creme servieren.

GRÜNE TOFU-GEMÜSE-PFANNE

vegetarisch • laktosefrei

200 g Tofu

1 EL Currypulver

4 EL Sojasauce

1 Zwiebel

1 Brokkoli

2 EL Rapsöl

250 ml Kokosmilch

1 TL Gemüsebrühe (Instant)

½ TL Chiliflocken

100 g TK-Zuckerschoten

Salz

20 g heller Sesam

Für 2 Personen
30 Min. Zubereitung
Nährwert pro Portion:
ca. 580 kcal
24 g EW | 46 g F | 17 g KH

1 Tofu klein würfeln und mit Currypulver und Sojasauce in einer Schüssel marinieren. Zwiebel schälen und fein hacken. Brokkoli putzen, waschen und in Röschen teilen. In einer Pfanne 1 EL Öl erhitzen und die Zwiebel darin 1–2 Min. andünsten. Tofuwürfel dazugeben und 2–3 Min. mitbraten. Tofu und Zwiebel aus der Pfanne nehmen und beiseitestellen.

2 Das restliche Öl in der Pfanne erhitzen und Brokkoli darin 1–2 Min. anbraten. Kokosmilch dazugießen und alles zugedeckt ca. 5 Min. köcheln. Mit Brühe und Chili würzen. TK-Zuckerschoten und Tofu-Zwiebel-Mischung hinzufügen und alles noch ca. 5 Min. köcheln, mit Salz abschmecken.

3 Den Sesam in einer Pfanne ohne Fett rösten. Herausnehmen und abkühlen lassen. Gemüse und Tofu auf Teller verteilen und mit Sesam bestreut servieren.

2 Zwiebeln

1 Zucchino

200 g Brokkoliröschen
(frisch oder TK)

2 Möhren

3 EL Olivenöl

Salz, Pfeffer

2 TL getrocknete italienische
Kräuter

6 Eier

200 g gemahlene Mandeln

6 EL ungesüßter Mandeldrink
(ersatzweise Milch)

80 g geriebener Parmesan

4 EL Mandelstifte

Außerdem:

12 Muffinpapierback-
förmchen

Für ein 12er-Muffinblech
30 Min. Zubereitung
30 Min. Backen
Nährwert pro Stück:
ca. 230 kcal
12 g EW | 19 g F | 3 g KH

GEMÜSEMUFFINS

vegetarisch • laktosefrei • glutenfrei

1 Die Zwiebeln schälen, den Zucchino putzen und waschen und beides fein würfeln. Den Brokkoli waschen und sehr klein schneiden. Die Möhren schälen und grob raspeln. Alles in einer Pfanne in Öl andünsten. Mit Salz, Pfeffer und Kräutern würzen und zugedeckt bei mittlerer Hitze ca. 10 Min. dünsten, dann vom Herd nehmen.

2 Den Backofen auf 160° (Umluft) vorheizen. Die Mulden des Muffinblechs mit Papierförmchen auslegen. Die Eier mit Mandeln, Mandeldrink und Parmesan verquirlen, mit Salz und Pfeffer würzen. Das Gemüse untermischen, alles in die Muffinmulden füllen und mit Mandelstiften bestreuen.

3 Die Muffins im Ofen (Mitte) ca. 30 Min. backen, dabei nach ca. 15 Min. mit Alufolie abdecken, damit die Mandeln nicht zu stark bräunen. Die Gemüsemuffins aus dem Ofen nehmen und vor dem Servieren kurz abkühlen lassen.

1 Hokkaido-Kürbis
1 Zwiebel
2 EL Rapsöl
1 Stück Ingwer (2 cm lang)
½ TL gemahlene Kurkuma
1 TL Ahornsirup
Salz, Pfeffer
3 EL gehackter Kerbel
1 EL Kürbiskerne
2 TL Kürbiskernöl

Für 2 Personen
35 Min. Zubereitung
Nährwert pro Portion:
ca. 470 kcal
10 g EW | 21 g F | 73 g KH

HERBSTLICHE KÜRBISSUPPE

vegetarisch • laktosefrei • glutenfrei

1 Den Kürbis waschen, halbieren und die Kerne mit einem Löffel entfernen. Das Kürbisfleisch mit Schale in Stücke schneiden. In einem Topf mit 350 ml Wasser aufkochen und zugedeckt bei schwacher Hitze in ca. 30 Min. weich garen. Inzwischen die Zwiebel schälen, fein würfeln und in einer Pfanne im Rapsöl andünsten. Vom Herd nehmen und beiseitestellen. Ingwer schälen und fein reiben.

2 Die Zwiebel zum Kürbis geben und alles mit dem Stabmixer fein pürieren. Mit Ingwer, Kurkuma, Ahornsirup, Salz und Pfeffer würzen. Auf tiefe Teller verteilen und mit Kerbel und Kürbiskernen bestreuen. Zum Servieren mit Kürbiskernöl beträufeln.

Tipp: Gemüsebrühe aus dem Glas oder Instant-Gemüsebrühe enthält oft Spuren von Gluten, weshalb Sie im Zweifel unbedingt auf das Zutatenverzeichnis achten sollten.

Schnelles
25
Minuten-
Rezept

50 g Pinienkerne

50 g Mandeln

1 Bund Petersilie

½ Bund Basilikum

½ Zitrone

1 Knoblauchzehe

150 ml Olivenöl

Meersalz

500 g Dinkelspirelli

Für 2 Kinder + 2 Erwachsene
25 Min. Zubereitung
Nährwert pro Portion Kind: ca.
335 kcal | 11 g EW | 5 g F | 60 g KH
Erwachsener: ca. 670 kcal
22 g EW | 10 g F | 119 g KH

PETERSILIEN-MANDEL-PESTO MIT SPIRELLI vegetarisch • laktosefrei

1 Pinienkerne kurz in einer beschichteten Pfanne anrösten. Mandeln fein hacken. Kräuter waschen, trocken schütteln und grob zerkleinern. Zitrone auspressen.

2 Den Zitronensaft mit allen anderen Zutaten, außer den Nudeln, in einen Mörser oder Mixer geben und zu einem Pesto verarbeiten. Mit Meersalz abschmecken.

3 Spirelli nach Packungsanweisung al dente kochen und mit 1–2 TL Pesto servieren. Übrig gebliebenes Pesto hält gekühlt und in sterile Einweckgläser gefüllt mindestens 1–2 Monate. Zum Aufbewahren etwas Öl auf das Pesto gießen, das vor Austrocknen schützt

Schnelles
25
Minuten-
Rezept

VEGGIE-BOLOGNESE-PENNE

vegetarisch

1 Knoblauchzehe
2 Möhren
2 EL Olivenöl
150 g Tofu
600 g stückige Tomaten
(Dose)
100 g Tomatenmark
200 g Vollkorn-Penne
1 Bund Basilikum
150 g Ricotta
150 g Mozzarella

Für 2 Kinder + 2 Erwachsene
25 Min. Zubereitung
Nährwert pro Portion Kind: ca.
313 kcal | 17 g EW | 15 g F | 28 g KH
Erwachsener: ca. 625 kcal
33 g EW | 29 g F | 55 g KH

1 Knoblauch schälen und fein hacken. Möhren schälen und in dünne Scheiben schneiden. Olivenöl in einer tiefen und ofenfesten Pfanne oder einem großen Topf erhitzen. Knoblauch und Möhren dazugeben und kurz andünsten. Den Tofu mit den Fingern zerbröseln und mit anbraten.

2 Tomaten, Tomatenmark, Penne und 300 ml Wasser dazugeben, gut unterrühren und einmal aufkochen lassen. Die Hitze reduzieren und alles leicht köcheln lassen, bis die Nudeln al dente sind, das dauert ca. 15 Min.

3 In der Zwischenzeit den Backofen auf 200° vorheizen. Basilikum waschen, trocken schütteln und grob hacken. Ricotta mit den Fingern zerbröseln, in die Sauce geben und kurz mitköcheln lassen. Basilikum vorsichtig einrühren. Mozzarella in Scheiben schneiden und die Nudeln damit belegen. Die Pfanne in den Ofen schieben und die Penne auf der obersten Schiene ca. 5 Min. backen, bis der Käse zerlaufen und goldbraun ist.

250 g Grünkohl
(frisch oder TK)
½ Zwiebel
1 Knoblauchzehe
2 EL Olivenöl
100 g Frischkäse
Meersalz
weißer Pfeffer
frisch geriebene Muskatnuss
375 g geschälte Tomaten
(Dose)
½ TL edelsüßes Paprikapulver
10 Vollkorn-Lasagneplatten
100 g Büffel-Mozzarella
100 g Parmesan
50 g Kürbiskerne

Für 2 Kinder + 2 Erwachsene
35 Min. Zubereitung
30 Min. Backen
Nährwert pro Portion Kind: ca.
365 kcal | 15 g EW | 21 g F | 28 g KH
Erwachsener: ca. 735 kcal
30 g EW | 43 g F | 56 g KH

GRÜNKOHL-LASAGNE

vegetarisch

1 Den Backofen auf 200° vorheizen. Grünkohl gründlich waschen, putzen und fein hacken, TK-Ware etwas antauen lassen. Zwiebel und Knoblauch schälen und fein hacken. 1 EL Olivenöl in einem hohen Topf erhitzen. Zwiebel darin glasig andünsten. Grünkohl hinzufügen und mitdünsten, bis er zusammengefallen bzw. vollständig aufgetaut ist. Nun den Frischkäse sowie ½ TL Salz unterrühren und mit Pfeffer und Muskat abschmecken.

2 Tomaten und Knoblauch in einem Mixer fein pürieren. Mit je ½ TL Salz und Paprikapulver kräftig würzen. Ein wenig Tomatensauce in eine Auflaufform (ca. 15 × 20 cm) geben. Lasagneplatten, Tomatensauce und Grünkohl im Wechsel übereinanderschichten. Büffel-Mozzarella in Scheiben schneiden, Parmesan reiben. Beides als letzte Schicht auf der Lasagne verteilen. Mit Kürbiskernen bestreuen und mit dem restlichen Olivenöl beträufeln. Die Lasagne im Ofen auf der mittleren Schiene 30 Min. backen, bis der Käse geschmolzen und goldbraun ist.

200 g Cashewkerne

2 Zucchini

2 dünne, längliche Süßkartoffeln

250 g Champignons

1 Zwiebel

1 Knoblauchzehe

½ Bund Petersilie

1 TL Senf

50 ml Gemüsebrühe

1 TL getrockneter Thymian

1 EL Zitronensaft

1 EL Olivenöl

1 EL Sojasauce

Außerdem

1 Spiralschäler (ersatzweise Sparschäler)

Für 2 Kinder + 2 Erwachsene
45 Min. Zubereitung
Über Nacht Quellen
Nährwert pro Portion Kind: ca.
318 kcal | 10 g EW | 17 g F | 33 g KH
Erwachsener: ca. 635 kcal
19 g EW | 33 g F | 65 g KH

GEMÜSE-SPAGHETTI

vegetarisch • laktosefrei

1 Cashewkerne über Nacht in Wasser einweichen. Zucchini waschen, Süßkartoffeln schälen. Beides mit dem Spiralschneider in lange Gemüse-Spaghetti schneiden. Champignons putzen und klein schneiden. Zwiebel und Knoblauch schälen und fein hacken. Petersilie waschen, trocken schütteln und klein hacken, 2 EL davon beiseitestellen.

2 Knoblauch und Cashewkerne in einem Mixer cremig pürieren. Senf, Gemüsebrühe, Thymian, Zitronensaft und Petersilie hinzufügen und nochmals mixen. Wenn die Masse zu dick ist, noch etwas Gemüsebrühe dazugeben.

3 Olivenöl in einer großen Pfanne erhitzen. Zwiebel darin glasig andünsten. Champignons ca. 3 Min. mitdünsten. Sojasauce angießen. Gemüse-Nudeln dazugeben und so lange braten, bis sie zusammenfallen. Cashewsauce hinzufügen, kurz aufkochen und bei mittlerer Hitze 2 Min. köcheln lassen. Mit der restlichen Petersilie garnieren.

½ Blumenkohl

Salz

½ Zitrone

1 kleiner Bund glatte Petersilie

125 g getrocknete Tomaten

25 g feine Haferflocken

2 EL Olivenöl

400 g griechischer Joghurt

Für 2 Kinder + 2 Erwachsene
30 Min. Zubereitung
20 Min. Backen
Nährwert pro Portion Kind: ca.
155 kcal | 4 g EW | 12 g F | 7 g KH
Erwachsener: ca. 310 kcal
8 g EW | 23 g F | 13 g KH

BLUMENKOHL MIT TOMATEN-KRUSTE vegetarisch

1 Den Backofen auf 220° vorheizen. Strunk und Blätter des Blumenkohls entfernen. Blumenkohl waschen und in kochendem Salzwasser 10 Min. vorgaren.

2 Zitrone auspressen. Petersilie waschen und trocken schütteln. Zitronensaft und alle anderen Zutaten außer dem Blumenkohl und dem Joghurt in einem Mixer zu einer Paste pürieren.

3 Den vorgegarten Blumenkohl mit der Paste gleichmäßig bestreichen und auf einem mit Backpapier ausgelegten Backblech im Ofen auf der mittleren Schiene ca. 20 Min. backen. Blumenkohl mit griechischem Joghurt servieren.

2 EL Olivenöl

1 TL Honig

2 EL Sojasauce

1 EL Chilisauce

1 TL Preiselbeerkompott

1 EL Tomatenmark

Salz, Pfeffer

400 g Hähnchenbrustfilet

1 Knoblauchzehe

1 große Zwiebel

2 Zweige Rosmarin

1 Zweig Thymian

2 Tomaten

1 großer Zucchino

je 1 rote und gelbe
Paprikaschote

1 EL Rapsöl

25 ml Hühnerbrühe

Für 2 Personen
40 Min. Zubereitung
1 Std. Marinieren
40 Min. Garen
Nährwert pro Portion:
ca. 530 kcal
50 g EW | 28 g F | 18 g KH

HÄHNCHEN-GEMÜSE-AUFLAUF

laktosefrei

1 Olivenöl, Honig, Soja- und Chilisauce, Preiselbeeren, Tomatenmark, Salz und Pfeffer verrühren. Fleisch waschen,
trocken tupfen und in Streifen schneiden, in der Marinade
1 Std. einlegen.

2 Backofen auf 180° vorheizen. Knoblauch schälen und fein
hacken. Zwiebel schälen und in Ringe schneiden. 1 Zweig
Rosmarin und Thymian waschen, trocken schütteln, Nadeln bzw. Blätter abzupfen und hacken. Tomaten und Zucchino putzen, waschen und würfeln. Paprikas längs halbieren, putzen, waschen und würfeln.

3 Knoblauch, Zwiebel, Thymian und Rosmarin in einer Pfanne in Rapsöl ca. 3 Min. andünsten, mit Tomaten, Zucchino
und Paprikas in einer Auflaufform (ca. 20 cm × 30 cm) mischen, salzen und pfeffern. Fleisch mit Marinade daraufsetzen, Brühe dazugießen und restlichen Rosmarin daraufle-
gen. Im Ofen (Mitte) ca. 40 Min. garen. Herausnehmen und
vor dem Servieren kurz abkühlen lassen.

Schnelles
30
Minuten-
Rezept

1 Bund Suppengrün
Salz, Pfeffer
1 Hähnchenbrustfilet
(ca. 350 g; mit Knochen)
150 g weißer Spargel
100 g Champignons
1 EL Rapsöl
80 g Vollkornreis
100 g Erbsen (frisch oder TK)
1 EL Speisestärke
2 TL Kapern (aus dem Glas)
2 EL gehackte Petersilie
(frisch oder TK)
etwas Zitronensaft

Für 2 Personen
30 Min. Zubereitung
Nährwert pro Portion:
ca. 485 kcal
42 g EW | 16 g F | 44 g KH

GEFLÜGELFRIKASSEE MIT ERBSENREIS laktosefrei • glutenfrei

1 Suppengrün putzen, waschen, grob schneiden und in einem Topf mit ca. 1 l Wasser, Salz und Pfeffer aufkochen. Das Hähnchenbrustfilet waschen und im Sud zugedeckt bei mittlerer Hitze ca. 20 Min. garen. Herausnehmen und abkühlen lassen.

2 Währenddessen den Spargel schälen, putzen und in kleine Stücke schneiden. In Salzwasser ca. 10 Min. garen, in ein Sieb abgießen und abtropfen lassen. Pilze putzen, bei Bedarf abreiben und in Scheiben schneiden. In einem Topf in Öl kurz andünsten. Reis in Salzwasser nach Packungsanweisung garen. Erbsen mit kochendem Wasser ca. 5 Min. überbrühen, dann unter den gegarten Reis mischen.

3 Fleisch vom Knochen lösen und in mundgerechte Stücke schneiden. Ca. 400 ml Sud zu den Pilzen geben und mit angerührter Stärke binden. Spargel, Kapern, Petersilie und Fleisch dazugeben und alles ca. 5 Min. erhitzen, mit Zitronensaft, Salz und Pfeffer abschmecken.

4 Frühlingszwiebeln

1 Knoblauchzehe

1 Stück Ingwer (1 cm lang)

2 Möhren (ca. 200 g)

1 kleine Süßkartoffel
(ca. 250 g)

1 grüne Paprikaschote

1 Zucchino

200 g Hähnchenbrustfilet

2 EL Rapsöl

Salz, Pfeffer

2 EL (Thai-)Currypulver

1 TL Chilipulver

200 g Kokosmilch

2 EL gehackte Petersilie
(frisch oder TK)

Für 2 Personen
30 Min. Zubereitung
Nährwert pro Portion:
ca. 605 kcal
31 g EW | 36 g F | 36 g KH

Schnelles
30
Minuten-
Rezept

GEMÜSECURRY MIT HÄHNCHEN laktosefrei

1 Frühlingszwiebeln putzen, waschen, grünen Teil entfernen, Rest in dünne Ringe schneiden. Knoblauch und Ingwer schälen und fein hacken. Möhren schälen und in Scheiben schneiden. Süßkartoffel schälen und würfeln. Paprika längs halbieren, Kerngehäuse und Kerne entfernen, Hälften waschen und in Streifen schneiden. Zucchino putzen, waschen und in Scheiben schneiden.

2 Fleisch waschen, trocken tupfen und in Streifen schneiden. In einer Pfanne in 1 EL Öl ca. 2 Min. kräftig anbraten. Frühlingszwiebeln, Knoblauch und Ingwer dazugeben und 1–2 Min. mitgaren. Mit Salz, 1 EL Currypulver und Chilipulver würzen, warm halten. Möhren und Süßkartoffel in einem Topf im übrigen Öl andünsten. Paprika und Zucchino nach ca. 5 Min. dazugeben. Kokosmilch dazugießen, alles mit Salz, Pfeffer und übrigem Currypulver würzen und zugedeckt noch 8–10 Min. köcheln. Fleisch und Petersilie hinzufügen, das Curry vor dem Servieren nochmals abschmecken.

2 Putenbrustfilets
(à ca. 150 g)
3 EL Rapsöl
150 ml Hühnerbrühe
350 g Pfifferlinge
150 g Möhren
200 g Knollensellerie
1 mehlig kochende Kartoffel
Salz
150 g Sojasahne
(ersatzweise Crème fraîche)
½ TL frisch geriebene
Muskatnuss
etwas Zitronensaft
Pfeffer
1 TL gehackte Petersilie
(frisch oder TK)

Für 2 Personen
30 Min. Zubereitung
Nährwert pro Portion:
ca. 510 kcal
45 g EW | 30 g F | 16 g KH

PUTENSCHNITZEL MIT PFIFFERLINGEN laktosefrei

1 Putenbrustfilets waschen, trocken tupfen und in einer Pfanne in 2 EL Öl von beiden Seiten gut anbraten. Brühe dazugießen und alles zugedeckt bei mittlerer Hitze noch ca. 20 Min. köcheln.

2 Inzwischen die Pfifferlinge putzen und bei Bedarf abreiben. Möhren, Sellerie und Kartoffel schälen, in kleine Stücke schneiden und in einem Topf mit Salzwasser ca. 15 Min. weich garen.

3 Parallel in einer separaten Pfanne die Pfifferlinge im übrigen Öl rundum anbraten. Pilze mit Sojasahne zu den Putenschnitzeln geben und alles noch ca. 5 Min. köcheln.

4 Möhren, Sellerie und Kartoffel abgießen und mit 50 ml Kochwasser im Topf mit dem Stabmixer pürieren. Mit Salz, Muskat und Zitronensaft abschmecken. Zuletzt die Schnitzel und Pilze mit Salz, Pfeffer und Petersilie würzen und mit dem Püree servieren.

300 g Schweinefilet

1 EL mittelscharfer Senf

4–6 Scheiben geräucherter Rohschinken

250 g Champignons

1 kleine Zwiebel

1 Knoblauchzehe

1 EL Rapsöl

50 ml Weißwein

100 g Kochsahne

100 g Kräuterfrischkäse (max. 45 % Fett)

Salz, Pfeffer

1 TL edelsüßes Paprikapulver

je 1 EL gehackte Petersilie und getrockneter Majoran

400–500 g Brokkoli

1 EL geröstete Mandelblättchen

Für 2 Personen
40 Min. Zubereitung
Nährwert pro Portion:
ca. 560 kcal
54 g EW | 31 g F | 11 g KH

SCHWEINEFILET IM SCHINKEN-MANTEL laktosefrei • glutenfrei

1 Den Backofen auf 200° vorheizen. Das Filet in 4–6 Medaillons schneiden, jedes mit Senf bestreichen und mit Schinken umwickeln. Die Pilze putzen, bei Bedarf abreiben und in Scheiben schneiden. Zwiebel und Knoblauch schälen und fein hacken.

2 Medaillons in einer Pfanne in Öl bei mittlerer Hitze von beiden Seiten je 1–2 Min. anbraten, in eine Auflaufform legen. Zwiebel und Knoblauch im Bratensatz ca. 2 Min. andünsten, Wein dazugießen und ca. 5 Min. köcheln. Pilze dazugeben und ca. 5 Min. dünsten. Sahne und Frischkäse unterrühren, mit Salz, Pfeffer, Paprikapulver, Petersilie und Majoran würzen und über die Medaillons gießen. Im Ofen (Mitte) ca. 20 Min. garen.

3 Brokkoli putzen, waschen und in Röschen teilen. In Wasser zugedeckt 10–15 Min. bissfest garen. Brokkoli abgießen, mit Mandeln mischen, salzen. Medaillons mit Sauce und Brokkoli servieren.

1 große Stange Lauch

1 Zwiebel

2 EL Rapsöl

450 ml Gemüsebrühe

125 g kleine Champignons

150 g Rinderhackfleisch

Salz, Pfeffer

150 g Kochsahne

1 EL Kräuterfrischkäse
(max. 45 % Fett)

1 Msp. frisch geriebene
Muskatnuss

2 EL gehackte Petersilie
(frisch oder TK)

Für 2 Personen
30 Min. Zubereitung
Nährwert pro Portion:
ca. 435 kcal
23 g EW | 34 g F | 8 g KH

LAUCH-PILZ-SUPPE MIT HACKFLEISCH

1 Den Lauch putzen, waschen und schräg in dünne Streifen schneiden. Die Zwiebel schälen und in feine Würfel schneiden. In einem Topf 1 EL Öl erhitzen und Lauchstreifen und Zwiebelwürfel darin bei mittlerer Hitze ca. 3 Min. andünsten. Die Gemüsebrühe dazugießen und alles zugedeckt bei schwacher Hitze ca. 20 Min. garen.

2 Inzwischen die Champignons putzen, bei Bedarf mit einem Küchentuch abreiben und in feine Scheiben schneiden. Das übrige Öl in einer Pfanne erhitzen und das Hackfleisch darin bei mittlerer Hitze unter Rühren ca. 5 Min. krümelig braten. Die Pilze dazugeben und ca. 5 Min. mitgaren, alles mit Salz und Pfeffer würzen.

3 Die Lauchsuppe vom Herd ziehen und im Topf mit dem Stabmixer fein pürieren. Dann die Kochsahne und den Kräuterfrischkäse gleichmäßig unterrühren.

4 Die Lauchsuppe mit Salz, Pfeffer und Muskatnuss abschmecken und das Hackfleisch-Champignon-Gemisch unterrühren. Die Suppe in tiefe Teller verteilen und mit der Petersilie bestreut servieren.

Tipp: Für eine Veggie-Variante lassen Sie das Hackfleisch in der Suppe einfach weg und geben dafür noch 1 EL Kräuterfrischkäse in die Suppe – die Suppe dann für ausreichend Eiweiß mit je 1 Scheibe Eiweißbrot essen. Wer Tofu liebt, schneidet 200 g in kleine Würfel und brät es wie das Hackfleisch in Öl an.

Schnelles
30
Minuten-
Rezept

Schnelles
25
Minuten-
Rezept

½ Toastbrot (ersatzweise
¼ altbackenes Brötchen
vom Vortag)
2 Schalotten
250 g Rinderhackfleisch
1 Ei
1 EL Tomatenmark
Salz, Pfeffer
edelsüßes Paprikapulver
60 g Sojaquark (ersatzweise
Speisequark max. 20 % Fett)
6 EL Rapsöl

Für 2 Personen
25 Min. Zubereitung
Nährwert pro Portion:
ca. 630 kcal
34 g EW | 52 g F | 6 g KH

RINDERFRIKADELLEN MIT QUARKFÜLLUNG laktosefrei

1 Das Toastbrot in Wasser einweichen und ausdrücken. Die Schalotten schälen und fein hacken. Hackfleisch, Toastbrot, Schalotten, Ei und Tomatenmark in einer Schüssel verkneten und mit Salz, Pfeffer und Paprikapulver würzen.

2 Aus der Hackmasse mit angefeuchteten Händen ca. 8 Frikadellen formen. Jeweils flach drücken, 1 TL Quark in die Mitte geben und die Frikadellen nach oben verschließen.

3 Das Öl in einer Pfanne erhitzen und die Frikadellen darin zuerst bei starker Hitze anbraten. Anschließend die Hitze reduzieren und die Frikadellen von jeder Seite noch ca. 4 Min. braten. Sie sollen ganz durchgebraten sein (Kerntemperatur 70°). Herausnehmen und sofort servieren. Dazu passen glasierte Möhren und Kartoffelpüree mit Petersilie.

80 g Vollkornreis, Salz

1 Zwiebel

250 g Rinderhackfleisch

1 Ei

2 EL glutenfreie Semmel-
brösel (ersatzweise ½ gluten-
freies Brötchen vom Vortag)

Pfeffer

1 TL edelsüßes Paprikapulver

90 g Sojasahne
(ersatzweise saure Sahne)

1 EL Kartoffelmehl

1 EL Kapern (aus dem Glas)

etwas Zitronensaft

Zucker

1 EL gehackte Petersilie
(nach Belieben)

Für 2 Personen
35 Min. Zubereitung
Nährwert pro Portion:
ca. 630 kcal
39 g EW | 29 g F | 54 g KH

KÖNIGSBERGER KLOPSE MIT KAPERNSAUCE laktosefrei • glutenfrei

1 Den Reis nach Packungsanweisung in Salzwasser ca. 30 Min. garen. Inzwischen die Zwiebel schälen und fein hacken. Hackfleisch, Ei, Zwiebel und Semmelbrösel in einer Schüssel verkneten und mit Salz, Pfeffer und Paprikapulver würzen.

2 In einem Topf ausreichend Salzwasser zum Sieden bringen. Aus der Masse mit angefeuchteten Händen 4–5 kleine Bällchen formen und im siedenden Wasser in ca. 15 Min. gar ziehen lassen. Mit einem Schaumlöffel herausnehmen und warm halten.

3 In einem Topf 150 ml Sud von den Hackbällchen aufkochen, die Sahne dazugießen und alles mit Kartoffelmehl binden. Die Kapern hinzufügen und alles mit Zitronensaft, 1 Prise Zucker, Salz und Pfeffer würzen. Die Königsberger Klopse in der Kapernsauce mit dem Reis anrichten, nach Belieben mit Petersilie garnieren.

1 Zwiebel

1 Knoblauchzehe

250 g Rinderhackfleisch

1 EL Rapsöl

1 Dose stückige Tomaten
(400 g)

Salz, Pfeffer

1 EL getrockneter Majoran

2 Kohlrabis

100 g Kochsahne

1 Ei

100 g Frischkäse
(max. 45 % Fett)

frisch geriebene Muskatnuss

Für 2 Personen
45 Min. Zubereitung
40 Min. Garen
Nährwert pro Portion:
ca. 605 kcal
42 g EW | 41 g F | 17 g KH

KOHLRABILASAGNE

glutenfrei

1 Zwiebel und Knoblauch schälen und fein hacken. Hackfleisch in einer Pfanne in Öl ca. 7 Min. unter Rühren krümelig braten. Zwiebel und Knoblauch dazugeben und ca. 5 Min. mitbraten. Tomaten samt Saft hinzufügen, alles bei mittlerer Hitze ca. 30 Min. köcheln. Sauce mit Salz, Pfeffer und Majoran würzen.

2 Inzwischen Kohlrabis schälen, in dünne Scheiben schneiden und in 100 ml Salzwasser zugedeckt bei mittlerer Hitze ca. 5 Min. bissfest garen. In ein Sieb abgießen und abkühlen lassen.

3 Backofen auf 180° vorheizen. Sahne, Ei und 50 g Frischkäse verrühren, mit Salz, Pfeffer und Muskat würzen. Übrigen Frischkäse ins Hackfleisch rühren. Mit Hacksauce beginnend abwechselnd Kohlrabis und Sauce in eine Auflaufform (ca. 20 cm × 30 cm) schichten, Eierguss darüber verteilen. Im Ofen (Mitte) 35–40 Min. garen. Herausnehmen und vor dem Servieren etwas abkühlen lassen.

½ Gemüsezwiebel

1 Knoblauchzehe

1 Chilischote

2 EL Olivenöl

250 g Rindertatar

250 g geschälte Tomaten
(aus der Dose)

Salz, Pfeffer

70 ml Gemüsebrühe

1 rote Paprikaschote

150 g gegarte Kidneybohnen
(aus der Dose)

100 g Maiskörner
(aus der Dose)

1 TL gemahlener
Kreuzkümmel

1–2 TL rosenscharfes
Paprikapulver

2 TL getrockneter Oregano

Für 2 Personen
25 Min. Zubereitung
Nährwert pro Portion:
ca. 415 kcal
37 g EW | 15 g F | 31 g KH

Schnelles
25
Minuten-
Rezept

CHILI CON CARNE

laktosefrei

1 Zwiebel und Knoblauch schälen und fein hacken. Chili-schote längs halbieren, entkernen, waschen und in feine Würfel schneiden. Zwiebel, Knoblauch und Chili in einem großen Topf in Öl andünsten. Hackfleisch dazugeben und unter Rühren krümelig anbraten.

2 Die Tomaten samt Saft hinzufügen, dabei grob zerkleinern. Mit Salz und Pfeffer würzen, die Gemüsebrühe dazugießen und alles offen bei mittlerer Hitze ca. 15 Min. einkochen lassen. Währenddessen die Paprika längs halbieren, Kern-gehäuse und Kerne entfernen, Hälften waschen und in kleine Würfel schneiden. Nach ca. 5 Min. Garzeit zum Chili geben.

3 Die Kidneybohnen und Maiskörner in einem Sieb abbrau-sen und ggf. mit etwas Maisflüssigkeit in den Topf geben. Zuletzt alles mit Kreuzkümmel, Paprikapulver, Oregano, Salz und Pfeffer würzen. Das Chili sofort servieren, dazu passt Brot oder Vollkornreis.

1 Schalotte

½ Knoblauchzehe

2 Möhren

2 EL Olivenöl

2 TL Tomatenmark

1 Dose stückige Tomaten
(ca. 400 g)

100 g Vollkornspaghetti

Salz

2 Dosen Thunfisch im
eigenen Saft (à 145 g
Abtropfgewicht)

40 g schwarze Oliven
(entsteint)

Pfeffer

Zucker

2 Stängel Basilikum

Für 2 Personen
25 Min. Zubereitung
Nährwert pro Portion:
ca. 590 kcal
46 g EW | 22 g F | 45 g KH

Schnelles
25
Minuten-
Rezept

THUNFISCHSPAGHETTI MIT TOMATENSAUCE laktosefrei

1 Schalotte und Knoblauch schälen und fein würfeln. Möhren schälen und auf der Gemüsereibe grob raspeln. Schalotte, Knoblauch und Möhren in einem Topf in Öl andünsten, Tomatenmark kurz mitdünsten. Tomatenstücke samt Saft dazugeben, alles aufkochen und offen bei mittlerer Hitze ca. 10 Min. köcheln.

2 Inzwischen Nudeln nach Packungsanweisung in Salzwasser ca. 8 Min. bissfest kochen. In ein Sieb abgießen und abtropfen lassen. Thunfisch und Oliven abtropfen lassen, Thunfisch mit einer Gabel zerpflücken, Oliven nach Belieben halbieren. Thunfisch und Oliven unter die Sauce mischen. Mit Salz, Pfeffer und 1 Prise Zucker würzen.

3 Die Spaghetti zur Tomatensauce geben und unter Schwenken darin erwärmen. Das Basilikum waschen, trocken schütteln, die Blätter abzupfen und grob zerkleinern. Die Thunfischspaghetti mit Basilikum bestreut servieren.

2 Seelachsfilets (à ca. 150 g;
frisch oder TK)
etwas Zitronensaft
80 g Vollkornreis, Salz
150 g Möhren
150 g Lauch
150 g Knollensellerie
½ Bund Dill
2 EL Rapsöl
100 ml Gemüsebrühe
1 EL Kartoffelmehl
1 EL Sojasahne
(ersatzweise saure Sahne)
Pfeffer

Für 2 Personen
1 Std. Zubereitung
Nährwert pro Portion:
ca. 430 kcal
34 g EW | 14 g F | 43 g KH

SEELACHSFILET AUF GEMÜSEBETT laktosefrei • glutenfrei

1 Fisch waschen, trocken tupfen, mit Zitronensaft beträufeln und kühl stellen. Den Reis nach Packungsanweisung in Salzwasser ca. 30 Min. garen.

2 Inzwischen das Gemüse putzen und schälen bzw. waschen. Dann in 3–4 cm lange Julienne-Streifen schneiden oder hobeln. Den Dill waschen, trocken schütteln, Spitzen abzupfen und fein hacken. Das Gemüse in einem Topf in Öl kurz andünsten und die Brühe dazugießen. Die Fischfilets salzen, auf das Gemüse legen und alles zugedeckt bei schwacher Hitze noch ca. 20 Min. garen.

3 Fisch und Gemüse mit einem Schaumlöffel herausnehmen und auf vorgewärmten Tellern anrichten. Den Sud mit dem in etwas kaltem Wasser angerührten Kartoffelmehl nach und nach binden. Die Sauce mit Dill, Sahne, Salz und Pfeffer würzen. Reis und Sauce zu Filets und Gemüse geben und sofort servieren.

130 g TK-Blattspinat

70 g Gouda

4 Eier

Salz, Pfeffer

frisch geriebene Muskatnuss

150 g Kräuterfrischkäse
(max. 45 % Fett)

150 g geräucherter Lachs
(in Scheiben)

1 EL Zitronensaft

Für 1 Rolle (12 Scheiben)
20 Min. Zubereitung
12 Min. Garen
5 Std. (über Nacht) Ziehen
Nährwert pro Scheibe:
ca. 105 kcal
8 g EW | 7 g F | 1 g KH

SPINAT-LACHS-ROLLE

1 Den Backofen auf 200° vorheizen. Ein Backblech mit Backpapier auslegen. Den Spinat zugedeckt im Kühlschrank über Nacht oder in der Mikrowelle bei 600 W in ca. 5 Min. auftauen, die Flüssigkeit gut ausdrücken und den Spinat klein hacken. Den Käse grob reiben.

2 Die Eier in einer Rührschüssel mit dem Schneebesen oder Handmixer schaumig schlagen. Spinat und geriebenen Käse untermischen und alles mit Salz, Pfeffer und Muskatnuss abschmecken.

3 Die Spinat-Ei-Masse auf dem Backpapier verteilen und im Backofen (Mitte) 10–12 Min. backen. Den Spinat-Ei-Boden aus dem Ofen nehmen, vorsichtig vom Backpapier lösen und zum Warmhalten auf Alufolie legen. Der Boden sollte nicht komplett abkühlen, da er sonst reißt.

4 Den Spinat-Ei-Boden mit dem Kräuterfrischkäse bestreichen, mit den Lachsscheiben belegen und mit Zitronensaft beträufeln. Den Boden mithilfe der Alufolie von einer Längsseite her kompakt aufrollen und die Rolle fest in die Alufolie packen. Dann mindestens 5 Std., am besten über Nacht, im Kühlschrank durchziehen lassen.

5 Die Spinat-Lachs-Rolle aus der Folie wickeln und quer in 12 Scheiben schneiden. Als Hauptmahlzeit eignen sich für jeden 3 Scheiben, dazu passt ein bunter Salat.

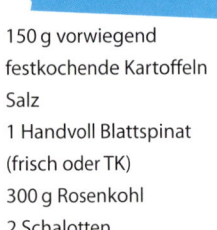

150 g vorwiegend
festkochende Kartoffeln
Salz
1 Handvoll Blattspinat
(frisch oder TK)
300 g Rosenkohl
2 Schalotten
2 Knoblauchzehen
2 EL Olivenöl
200 ml Gemüsebrühe
80 g Frischkäse
(max. 45 % Fett)
4 EL geriebener Parmesan
4 EL Kräuter-Crème-fraîche
Pfeffer
frisch geriebene Muskatnuss
etwas Zitronensaft
250 g Lachsfilet
(frisch oder TK)

Für 2 Personen
40 Min. Zubereitung
25 Min. Garen
Nährwert pro Portion:
ca. 780 kcal
46 g EW | 57 g F | 19 g KH

LACHSGRATIN

1 Kartoffeln waschen und mit Schale in Salzwasser ca. 20 Min. garen. Abgießen, pellen und in Scheiben schneiden. Spinat verlesen, waschen und in Salzwasser blanchieren. Rosenkohl putzen, waschen und ebenfalls blanchieren. Beides in ein Sieb abgießen, kalt abschrecken und abtropfen lassen, Spinat danach grob hacken. Schalotten und Knoblauch schälen und fein hacken.

2 Backofen auf 180° (Umluft) vorheizen. Schalotten und Knoblauch im Öl andünsten. Die Brühe dazugießen und einige Min. köcheln. Vom Herd nehmen und Frischkäse, Parmesan und Crème fraîche unterrühren, mit Salz, Pfeffer, 1 Prise Muskatnuss und Zitronensaft würzen. Den Lachs waschen, trocken tupfen und in Würfel schneiden, salzen und mit Zitronensaft beträufeln. Mit Kartoffeln und Gemüse in einer Auflaufform mischen, mit der Sauce übergießen und im Ofen (Mitte) ca. 25 Min. goldbraun überbacken. Herausnehmen und vor dem Servieren etwas abkühlen lassen.

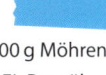

300 g Möhren

5 EL Rapsöl

Salz

150 g Spinat

80 g Tomaten

30 g Pistazienkerne

etwas Zitronensaft

1 EL Zitronenessig

80 g Sojaghurt (ersatzweise Joghurt 3,5 % Fett)

Pfeffer

2 Lachsfilets (à ca. 125 g)

1 Ei

4 EL Sojaflocken

Für 2 Personen
45 Min. Zubereitung
Nährwert pro Portion:
ca. 780 kcal
47 g EW | 61 g F | 10 g KH

SOJALACHS MIT MÖHREN-PÜREE UND SPINAT laktosefrei • glutenfrei

1 Möhren schälen, grob hacken und in einem Topf in 2 EL Öl andünsten. 80–100 ml Salzwasser dazugießen, alles aufkochen, zugedeckt bei mittlerer Hitze ca. 20 Min. garen. Dann fein pürieren.

2 Inzwischen den Spinat waschen und abtropfen lassen. Tomaten waschen und vierteln, dabei die Stielansätze entfernen. Pistazien grob hacken. Etwas Zitronensaft, Essig und Sojaghurt verrühren und mit Salz und Pfeffer würzen.

3 Fisch waschen, trocken tupfen und mit Zitronensaft beträufeln. Ei mit Salz und Pfeffer verquirlen. Sojaflocken grob zerbröseln und in einen tiefen Teller geben. Übriges Öl in einer Pfanne erhitzen. Fisch salzen, durch das Ei ziehen und in den Sojaflocken wenden. In der Pfanne bei mittlerer Hitze von beiden Seiten je ca. 5 Min. goldbraun braten. Spinat, Tomaten und Pistazien mit dem Dressing mischen, auf Teller verteilen und Fisch und Püree daneben anrichten.

KABELJAU IN SENFSAUCE MIT MÖHREN

600 g Möhren
1 EL Rapsöl
Salz, Pfeffer
100 ml Gemüsebrühe
125 g Frischkäse
(max. 45 % Fett)
1 EL mittelscharfer Senf
1 EL Zitronensaft
1 Knoblauchzehe
2 EL gehackte Petersilie
250 g Kabeljaufilet
100 g Hirse

Für 2 Personen
25 Min. Zubereitung
15 Min. Garen
Nährwert pro Portion:
ca. 495 kcal
34 g EW | 17 g F | 50 g KH

1 Backofen auf 220° vorheizen. Möhren putzen, schälen und in dünne Scheiben schneiden. In einer Pfanne in Öl bei mittlerer Hitze ca. 2 Min. andünsten, mit Salz und Pfeffer würzen. Brühe dazugießen und alles noch ca. 4 Min. dünsten.

2 Inzwischen Frischkäse, Senf und Zitronensaft verrühren. Knoblauch schälen und dazupressen, Petersilie untermischen, mit Salz und Pfeffer würzen. Möhren in einer Auflaufform verteilen und die Hälfte der Senfsauce darübergießen. Fisch waschen, trocken tupfen und auf die Möhren legen, mit Salz und Pfeffer würzen, übrige Sauce daraufgeben. Im Ofen (Mitte) ca. 15 Min. garen.

3 Inzwischen die Hirse in einem Topf mit 200 ml Salzwasser aufkochen und zugedeckt bei schwacher Hitze ca. 10 Min. köcheln. Vom Herd nehmen und ca. 10 Min. ausquellen lassen. Den Fisch aus dem Ofen nehmen und mit der Hirse servieren.

1 EL gemahlener Leinsamen

4 Feigen

1 Vanilleschote

1 EL Zitronensaft

100 g feine Haferflocken

Meersalz

½ TL Weinsteinbackpulver

1 EL Ahornsirup

200 ml Pflanzendrink nach Wahl (ungesüßt)

Für den Crunch:

25 g Walnusskerne

25 g Haselnusskerne

25 g grüne Pistazienkerne (ersatzweise Kürbiskerne)

30 ml Ahornsirup

½ EL Kokosöl (zimmerwarm)

25 g Kokosraspel

Meersalz

Außerdem:

4 Auflaufförmchen (à 9 cm)

Kokosöl für die Förmchen

Für 4 Portionen
35 Min. Zubereitung
40 Min. Backen
Nährwert pro Portion:
ca. 365 kcal
10 g EW | 21 g F | 32 g KH

FEIGENAUFLAUF

vegetarisch • laktosefrei

1 Leinsamen mit 3 EL Wasser mischen und mindestens 30 Min. quellen lassen. Den Ofen auf 190° vorheizen. Die Auflaufförmchen einfetten. Feigen waschen und in dünne Scheiben schneiden. Vanilleschote längs halbieren und das Mark herauskratzen. Zitronensaft und Vanillemark mit den Feigen verrühren und in die Förmchen verteilen.

2 Haferflocken, 1 Prise Salz und Backpulver vermengen. Die Mischung gleichmäßig in die Förmchen füllen. Leinsamen und Ahornsirup in den Pflanzendrink einrühren. Dann über die Haferflocken in die Förmchen gießen.

3 Für den Crunch Walnüsse und Haselnüsse in einem Mixer grob hacken. Dann alle Zutaten mit 1 Msp. Salz mischen und in die Förmchen verteilen. Den Auflauf im Ofen auf der mittleren Schiene ca. 35–40 Min. backen, bis die Oberfläche knusprig und goldbraun ist.

AVOCADO-SCHOKO-DESSERT

vegetarisch • laktosefrei • glutenfrei

1 Vanilleschote

1 Avocado

2 EL Agavendicksaft

2 EL Kakaopulver

Salz

Für 2 Personen
10 Min. Zubereitung
1 Std. Kühlen
Nährwert pro Portion:
ca. 280 kcal
6 g EW | 24 g F | 10 g KH

1 Die Vanilleschote mit einem scharfen Messer längs aufschlitzen und das Mark mit dem Messerrücken herauskratzen. Die Avocado halbieren, den Stein entfernen und das Fruchtfleisch mit einem Löffel aus der Schale heben.

2 Das Avocadofruchtfleisch mit Vanillemark, Agavendicksaft, Kakaopulver und 1 Prise Salz in einem hohen Rührbecher mit dem Stabmixer so lange pürieren, bis eine zarte Creme entsteht.

3 Die Creme ca. 1 Std. kühl stellen. Auf Schälchen verteilen und kalt servieren. Die Creme schmeckt auch sehr gut als süßer Brotaufstrich.

BEEREN-QUARK-KUCHEN

vegetarisch

250 g Beeren (frisch oder TK)
250 g weiche Butter
90 g Xylit (ein Zucker-
austauschstoff, siehe S. 25)
1 Pck. Vanillezucker
Mark von 1 Vanilleschote
800 g Sojaquark (ersatzweise
Speisequark max. 20 % Fett)
6 Eier
1 EL Saft und 1 TL abgeriebe-
ne Schale von 1 Bio-Zitrone
100 g Vollkorn-Weizenmehl
½ Pck. Backpulver

Für 1 Springform (26 cm Ø,
16 Stück)
10 Min. Zubereitung
1 Std. Backen, 30 Min. Ruhen
Nährwert pro Stück:
ca. 170 kcal
5 g EW | 13 g F | 10 g KH

1 Den Backofen auf 170° vorheizen. Die Springform mit Backpapier auslegen. Die Beeren verlesen, waschen und trocken tupfen, größere Exemplare zerkleinern.

2 Weiche Butter mit Xylit, Vanillezucker und Vanillemark verrühren. Quark dazugeben, dann die Eier nach und nach unterrühren. Zitronensaft und -schale hinzufügen. Mehl mit Backpulver darübersieben. Alles verrühren und die Hälfte der Beeren unter den Teig heben (TK-Ware muss vorher nicht auftauen).

3 Den Teig in der Form verteilen, mit übrigen Beeren bestreuen und im Ofen (Mitte) ca. 1 Std. backen. Danach den Kuchen im ausgeschalteten Ofen ca. 30 Min. abkühlen lassen.

Tipp: Der Kuchen wird besonders locker, wenn man den Quark vor Verwendung durch ein Sieb streicht.

Schnelles 30 Minuten-Rezept

250 g Sauerkirschen
(frisch oder TK)
2 EL Speisestärke (ca. 16 g)
200 ml Kirschsaft
1 EL Xylit (siehe S. 25)
3 Eier
250 g Sojaquark (ersatzweise
Speisequark max. 20 % Fett)
1,5 TL Honig
150 g zarte Haferflocken
50 ml ungesüßter Haferdrink
(ersatzweise Milch)
Außerdem:
2 EL Rapsöl fürs Waffeleisen

Für 4–6 Stück
30 Min. Zubereitung
Nährwert pro Stück
(bei 6 Waffeln):
ca. 265 kcal
10 g EW | 10 g F | 33 g KH

HAFERWAFFELN MIT KIRSCHGRÜTZE vegetarisch • laktosefrei

1 Die Kirschen entstielen, waschen und entkernen. Die Stärke mit etwas Kirschsaft anrühren. Übrigen Saft mit Xylit aufkochen und die angerührte Stärke nach und nach unterrühren, um die Konsistenz anzupassen. Kirschen unterheben und alles noch ca. 3 Min. köcheln. Vom Herd nehmen und abkühlen lassen.

2 Das Waffeleisen aufheizen und die Backflächen mit Öl einfetten. Die Eier trennen und die Eiweiße steif schlagen. Quark mit Eigelben und Honig verrühren, Haferflocken und -drink untermischen und zuletzt den Eischnee vorsichtig unterheben.

3 Je 3–4 EL Teig in die Mitte des Waffeleisens geben und jede Waffel 3–4 Min. backen. Herausnehmen und auf einem Kuchengitter ausdampfen lassen. Übrige Waffeln genauso backen, bis der Teig aufgebraucht ist. (Nach Belieben gebackene Waffeln im vorgeheizten Ofen bei 80° warm halten). Waffeln mit Kirschgrütze servieren.

NUSSIGER APFELSTRUDEL
IM GLAS vegetarisch • laktosefrei • glutenfrei

2 Äpfel (z. B. Elstar)
½ TL Zimtpulver
150 g Sojaquark (ersatzweise
Speisequark max. 20 % Fett)
75 g Sojaghurt (ersatzweise
Joghurt 3,5 % Fett)
1 Vanilleschote
2 TL Honig
2 EL gehackte Haselnuss-
kerne

Für 2 Personen
20 Min. Zubereitung
Nährwert pro Portion:
ca. 225 kcal
8 g EW | 13 g F | 17 g KH

1 Äpfel vierteln, schälen, entkernen und in einem kleinen Topf mit 1 EL Wasser aufkochen, dann bei schwacher Hitze mit leicht geöffnetem Deckel ca. 10 Min. köcheln, bis die Äpfel zerfallen sind. Das Kompott mit Zimt würzen und abkühlen lassen.

2 Quark und Joghurt cremig rühren. Die Vanilleschote mit einem scharfen Messer längs aufschlitzen und das Mark mit dem Messerrücken herauskratzen. Zuletzt die Quarkcreme mit Vanille und Honig abschmecken.

3 Die Haselnüsse in einer Pfanne ohne Fett bei mittlerer Hitze rösten, bis sie anfangen zu duften. In Gläser nacheinander Quark, Apfelkompott, Nüsse und etwas Zimt schichten. Die gleiche Reihenfolge nochmals wiederholen und die Apfelstrudel im Glas servieren.

Schnelles
20
Minuten-
Rezept

MANDEL-MÖHREN-KÜCHLEIN

vegetarisch • laktosefrei • glutenfrei

300 g Möhren
4 Eier
4 EL Agavendicksaft
200 g gemahlene Mandeln
1 TL Backpulver
50 g Mandelstifte
Außerdem:
12 Muffinpapierback-
förmchen

Für ein 12er-Muffinblech
35 Min. Zubereitung
25 Min. Backen
Nährwert pro Stück:
ca. 165 kcal
7 g EW | 13 g F | 5 g KH

1 Den Backofen auf 200° (Umluft) vorheizen. Die Mulden des Muffinblechs mit Papierförmchen auslegen. Die Möhren putzen, schälen und auf der Gemüsereibe fein raspeln.

2 Die Eier mit dem Agavendicksaft mit dem Schneebesen oder dem Handmixer schaumig rühren. Mandeln mit Backpulver mischen und mit den Möhrenraspeln untermischen. Die Mulden des Muffinblechs jeweils zu einem Drittel mit Teig füllen und mit den Mandelstiften gleichmäßig bestreuen.

3 Die Küchlein im Ofen (Mitte) 20–25 Min. backen. Dabei nach etwa der Hälfte der Backzeit mit Alufolie abdecken, damit sie nicht zu stark bräunen. Herausnehmen und auf einem Kuchengitter abkühlen lassen.

MILCHREIS MIT KOKOSMILCH

vegetarisch • laktosefrei • glutenfrei

1 TL Kokosöl
150 g Milchreis
600 g Kokosmilch
1 Vanilleschote
Zimtpulver
2 EL Reissirup

Für 2 Kinder + 2 Erwachsene
15 Min. Zubereitung
30 Min. Quellen
Nährwert pro Portion Kind: ca.
300 kcal | 5 g EW | 20 g F | 24 g KH
Erwachsener: ca. 600 kcal
10 g EW | 40 g F | 48 g KH

1 Kokosöl in einem Topf schmelzen und den Reis kurz darin anschwitzen. Mit Kokosmilch aufgießen und unter Rühren einmal aufkochen lassen. Dann die Herdplatte auf die niedrigste Stufe stellen.

2 Vanilleschote längs halbieren und das Mark herauskratzen. Vanillemark, Vanilleschote, 1 TL Zimt und Reissirup in den Topf geben und verrühren. Den Milchreis 30 Min. quellen lassen. Die Vanilleschote entfernen und den Milchreis nach Belieben mit Zimt bestreuen und mit frischen Beeren oder Kompott servieren.

4 Pfirsiche
½ Bio-Zitrone
30 g Vollkorn-Dinkelmehl
½ TL Weinsteinbackpulver
Salz
1 Msp. gemahlene Vanille
1 EL Vollrohrzucker
20 ml Haferdrink (ungesüßt)
1 EL weißes Mandelmus
1 EL Apfelmus (ungesüßt)

Für 4 Portionen
30 Min. Zubereitung
30 Min. backen
Nährwert pro Portion:
ca. 130 kcal
3 g EW | 3 g F | 21 g KH

GEBACKENER PFIRSICH MIT ÜBERRASCHUNG vegetarisch • laktosefrei

1. Den Backofen auf 200° Grad vorheizen. Pfirsiche waschen, halbieren und entsteinen. Mit einem Löffel etwas Fruchtfleisch entnehmen, sodass ein rundes ebenmäßiges Loch entsteht.

2. Zitrone heiß waschen, abtrocknen und die Schale abreiben. Mehl, Backpulver, 1 Prise Salz, Vanille und Zitronenabrieb in einer Schüssel vermengen.

3. Zucker mit Haferdrink, Mandel- und Apfelmus verrühren. Die trockenen und feuchten Zutaten miteinander zu einem Teig vermengen. In 4 Pfirsichhälften je ca. 1 EL Teig einfüllen. Alle Pfirsichhälften in einer Auflaufform platzieren und im Ofen auf der mittleren Schiene 25–30 Min. backen. Die leeren Pfirsichhälften auf die gefüllten setzen und servieren.

ERDBEER-VANILLE-CREME

vegetarisch • laktosefrei • glutenfrei

50 g Frischkäse
(max. 45 % Fett)
100 g Magerquark
3 EL Kochsahne
1 EL Xylit (siehe S. 25)
½ TL gemahlene Vanille
1 TL Zitronensaft
150 g Erdbeeren
(frisch oder TK)
2 TL weiße Kuvertüre

Für 2 Personen
15 Min. Zubereitung
45 Min. Tiefkühlen
Nährwert pro Portion:
ca. 175 kcal
10 g EW | 8 g F | 18 g KH

1 In einer Rührschüssel Frischkäse, Magerquark und Kochsahne mit einem Schneebesen gründlich verrühren und mit Xylit, Vanille und Zitronensaft mischen. Die Quarkcreme auf zwei Dessertgläser verteilen.

2 Die Erdbeeren waschen, putzen und in Stücke schneiden. Dann in einem hohen Rührbecher mit dem Stabmixer fein pürieren. (Falls die Erdbeeren nicht süß genug sind, das Erdbeerpüree nach Belieben mit 1 TL Vanillezucker süßen.)

3 Das Erdbeerpüree auf die Vanillecreme füllen und die Eisbecher zugedeckt im Tiefkühlfach 40–45 Min. gefrieren lassen. Die weiße Kuvertüre grob raspeln und das Dessert damit garnieren.

LAKTOSEFREI ODER GLUTENFREI? REZEPTE EINFACH ABWANDELN

Sie haben ein Lieblingsrezept, möchten sich aber laktosefrei oder glutenfrei ernähren? Mit unseren Austauschtabellen erfahren Sie, wie sich gesunde Rezepte auf Ihre Bedürfnisse zuschneiden lassen.

Lebensmittel mit Laktose	Austauschmöglichkeiten
Milch (Kuh, Schaf, Ziege, Stute, Büffel)	• Pflanzenmilchalternativen wie Sojadrink, Haferdrink, Kokosmilch, Mandeldrink, Reisdrink (jeweils ungesüßt) • Alternativ laktosefreie Milch
Joghurt	• Sojaghurt, Kokosjoghurt (jeweils ungesüßt) • Alternativ laktosefreier Joghurt
Quark	• Quarkalternative aus Soja • Alternativ laktosefreier Quark
Eiscreme	• Fruchtsorbet, Wassereis • Eis mit pflanzlichen Milchalternativen (z. B. mit Kokosmilch) • Alternativ laktosefreies Eis
Sahne und Crème fraîche	• Zum Kochen: Pflanzliche Kochcremes z. B. aus Cashew, Kokos, Soja oder Hafer • Zum Aufschlagen: Pflanzliche Schlagcremes (allerdings hoch verarbeitet, enthalten oft viele Zusatzstoffe und viel Zucker) • Alternativ laktosefreie Sahne
Käse und Frischkäse	• Hart- und Schnittkäsesorten gelten, durch die Reifung, als laktosefrei • Weichkäse gelten als nahezu laktosefrei • Alternativ laktosefreier Frischkäse

(Vorsicht! Medikamente können ebenfalls Laktose oder Gluten enthalten! Fragen Sie diesbezüglich beim Arzt oder Apotheker nach.)

	Lebensmittel mit Gluten	Austauschmöglichkeiten
Getreide und Getreide- produkte	• Weizen, Roggen, Hafer, Gerste, Grünkern und Dinkel • Brot, Brötchen und Back- waren aus o. g. Getreide- sorten • Getreideprodukte wie Grieß, Graupen, Flocken, Grütze, Keime, Schrot, Nudeln	• Reis, Mais, Hirse, Buchweizen, Quinoa, Amaranth • Getreideprodukte wie Reis- oder Hirseflocken, Buchweizenmehl, Grau- pen und Grieß aus o. g. Getreide • Spezialprodukte wie glutenfreie Brotsorten, Backzutaten und Nudeln (z. B. aus Kichererbsen oder Linsen)
Verarbeitete Produkte	• Fertigprodukte • Wurst, Pasteten und Würstchen • Brotaufstriche • Kaffeegetränke • Light-Produkte • Kräuter- und Gewürz- mischungen, Gemüsebrühe (Instant) • Backzutaten (Backpulver, Vanillezucker, Kuvertüre)	• Alternativ unverarbeitete Lebensmittel • Frisch kochen mit unverarbeiteten Zutaten • Gerichte ohne oder mit glutenfreien Zusatzstoffen wählen • Milch und naturbelassene Milchprodukte • Öl, Butter • Fleisch, Fisch, Eier naturbelassen • Kartoffeln, Kartoffelmehl
Zum Binden von Saucen und Suppen	• Speisestärke, Mehl, Saucenbinder	• Johannisbrotkernmehl • Guarkernmehl • Glutenfreie Saucenbinder • Kartoffel- oder Maisstärke • Apfelpektin • Agar-Agar • Chia-Samen, Leinsamen
Zum Panieren	• Paniermehl (Semmelbrösel)	• Glutenfreies Paniermehl • Semmelbrösel aus glutenfreien Brötchen • Sojaflocken

APPETIT AUF MEHR?

IMPRESSUM

© 2020 GRÄFE UND UNZER VERLAG GmbH,
Grillparzerstraße 12
81675 München
Genehmigte Sonderausgabe
Alle Rechte vorbehalten.

Text:
Dr. Matthias Riedl, Vanessa von Hilchen

Satz, Lektorat & Herstellung:
bookwise GmbH, München

Bildnachweis:
Cover: links oben: Maria Grossmann und Monika Schürle; rechts oben: Stocksy; links unten: Thought Catalog; rechts unten: Maria Grossmann und Monika Schürle.
Innen: alle Fotos von Maria Grossmann und Monika Schürle außer:
GU 15 (Ela Strickert), 51 (Jörn Rynio), 55 (Kramp + Gölling), 63 (Jörn Rynio), 67 (Jörn Rynio), 72 (Jörn Rynio), 80 (Kramp + Gölling), 82 (Jörn Rynio), 85 (Jörn Rynio); Vanessa von Hilchen 38, 39, 41, 44, 46, 58, 59, 60, 61, 62, 81, 87, 88; Istockphoto 7, 25, 27, 29; Shutterstock 4, 8, 11, 18, 21, 23, 30

Druck und Bindung:
Aumüller Druck GmbH & Co. KG in Regensburg